82歳。明日は今日より幸せ

金美齢

幻冬舎

82歳。明日は今日より幸せ

はじめに

世間の私に対するイメージは、言いたいことをはっきり言う、なんだか怖いおばあさんというところだろうか。たしかに、間違っていることに対しては「NO」と言うし、喜怒哀楽も激しい。長年、台湾独立運動に身を投じてきたことも、何かを背負って生きていそうな厳しい印象を与えるのだろう。

しかし、実際の私は、しょっちゅう大変な目に遭っているわけではないし、人生の九割は楽しいことをしていると思う。「でも、ブラックリストに載ったんですよね？」「母国のために人生を懸けて闘うのは大変なことでしょう？」。そう言われることもあるが、なぜか私は、どんなに辛《つら》いことも「まぁ、なんとかなるか」と受け入れることができる。基本的に能天気なのだ。

私がこの本を執筆しようと思った理由は、今年、人生の大きな区切りを迎えたからだ。二〇一六年一月十六日、台湾で行われた総統と立法委員（国会議員）の選挙で、独立志向の民進党が大勝利を収め、「我々は中国人ではなく台湾人だ」という台湾人アイデンティティを世界に示した。これこそが、半世紀以上にわたり、私が信じ、願い、活動してきたことだ。まさか生きている間にこんな日を迎えられるとは……。台湾の明るい未来を確信した私は、その喜びの中で、自分自身の人生をあらためて振り返ってみたいと思った。

いざ本を書くことが決まると、担当者から「テーマは幸福にしましょう」と提案された。他人から見ると、しんどそうな人生を歩んでいる私が幸福について？　どうやら、私の天性の能天気ぶりはすでにお見通しのようだ。

たしかに、私は今幸せだ。五十六年もの間、台湾独立運動を行いながら、日本で出会った周英明《しゅうえいめい》と学生結婚をしたり、在学中に娘と息子を授かったり、日本語学校の設立に協力したり、人生を振り返ってみると実にさまざまなことがあった。しかし、どんなに煩わしいことや怒り、悲しみなどがあろうとも、根本は大きな幸せに支えられていた。

それはきっと、私にはささいなことでも幸せに感じられる心があるからだと思う。おいしいものを食べているときは最高にハッピーだし、デパ地下で特売品が手に入ると、小躍りするほどうれしい。毎日の、ちょっとしたことが幸せに感じられる。

幸せになるのは、決して難しいことではない。特別な才能はいらないし、大金も必要ない。ただ、「幸せだ」と自分が思いさえすればいい。

私の能天気な回顧録を通して、読者のみなさんが、あらためて自分の幸せに、気付き、そして育んでいくきっかけとなれば、私自身もこのうえなく幸せである。

82歳。明日は今日より幸せ　目次

第二章　思いもかけず結婚し、想定外で母になり

それでもやっぱり家族は素晴らしい

第三章

働いて稼いで、ハッピーに使う

第四章 小さな楽しみを重ねる、毎日の贅沢

第五章

日本って本当に素敵な国

終章　明日は今日より幸せに

装丁　石間淳
写真　菊岡俊子
構成　森本裕美
DTP　美創

第一章

「台北一の不良娘」が台湾独立運動へ

「日本人」として生まれた私

やさしかった日本の兵隊さん

私は一九三四年の二月に台北《タイペイ》で生まれた。当時、台湾は日本の植民地だった。だから生まれたとき、私は日本人だった。

植民地というと過酷な状況を思い浮かべるかもしれない。けれども、私の時代というのは平和そのもの。目を閉じて思い出されるのは、やさしかった日本の兵隊さんとのふれあいだ。

小学生の頃、私はよく「ヒッチハイク」をしていた。当時は公の交通機関が乱れることが多かったため、困ったときには日本の軍用トラックをヒッチハイクして乗せてもらっていた。ヒッチハイクとはいうが、そんなかっこいいものではなく、手を挙げると止まって乗せてくれるのだから、要するにヒッチハイクなのだ。

大きな分かれ道で軍用トラックが通るのを待つ。私だけではなく、大人もみんな便乗しようと待っている。そして、やって来たら手を挙げる。

「すみません、お願いします」

「はい、ちょっと待ってね。よいしょっと」

トラックが止まると大人は荷台によじ登るのだが、おチビな私は登れない。だから、兵隊さんは車から降りて来て、私を抱き上げて乗せてくれるのだ。

当時の台湾では、こういうことが日常的に行われていた。だから、日本の兵隊さんを目にしても怖いなんて気持ちはまったくないし、むしろ守ってくれる人だと思っていた。

植民地になった一八九五年当初は、多少抵抗があったかもしれないけれど、私が子どもの頃の台湾と日本はとてもよい関係だった。

もちろん、台湾人と日本人では、差別というか区別もあった。たとえば、小学校は二種類あった。日本人が行く「小学校」と、台湾人が行く「公学校」に分かれていたのだ。

小学校が日本語で授業を行うのに対して、公学校は日本語を話せないことを前提にアイウエオから教えていた。台湾人が日本人と同じ学校に入学しても、言葉を理解できず、勉強についていけないとしたら非合理的である。だからこれはある意味現実的な対応だと思う。それに、日本語を話せるなら、台湾人の子どもでも小学校に通えたので、完全に排除されていたわけではない。台湾人は基本的に能天気で、ある意味、現実を受け止める力がとても強い。だから、差別や区別があるのは当たり前だと受け止めていた。

基本的に日本人はとてもやさしい。台湾を日本の一部、仲間として、インフラを整備して教育制度を整えた。日本の植民地以前も、台湾は、オランダやスペイン、清朝などに支配されていたが、日本はどの国よりも真剣に台湾の未来を築こうとしてくれた。

日本の植民地政策は、それまでの植民地政策とはまったく違う。これを理解しないと、台湾に親日家が多い理由はわからないだろう。台湾が日本とともに五十年の歴史をシェアしたおかげで、台湾は近代化できた面もあるのだ。

みんな日本に憧れていた

一九四五年、日本が敗戦し、代わりに蔣介石《しょうかいせき》率いる国民党軍が台湾を占領することになった。当時、大部分の台湾人は、国民党軍の台湾進駐を歓迎していた。進駐軍代表の陳儀《ちんぎ》大将の「親愛なる同胞よ！　今や諸君は祖国の懐に温かく抱かれたのだ」との呼び掛けに胸を熱くして、まだ見ぬ「祖国」に思いをはせていた。

ところが、やって来た彼らは、非常にレベルが低かった。見た目はみすぼらしいし、電球にタバコを近づけて火をつけようとしたとか、部隊が移動するときに便利だろうと水道屋に蛇口を買いに行ったとか、彼らにまつわる話は事欠かない。

しかし、真の問題は知的レベルの低さではなく、道徳レベルの低さにあった。法律もルールも、おかまいなしで、言う通りにならないとすぐに鉄砲を振り回す始末。ようやく祖国に還《かえ》ったと言われていたのに、その祖国から、日本時代よりもはるかにひどい植民地扱いをされたのだ。その結果、多くの台湾人が「日本時代はよかった」と日本への憧れを強めていった。

私の身近な若者の中には、日本へ密入国を企てた者もいた。当時、私は中学生だったのだが、先輩のボーイフレンドが、バナナ船で日本へ密入国する計画を立てた。台湾はバナナの産地なので、日本にバナナを輸送する船にもぐりこんで密入国するつもりだったらしい。私たちは壮行会を行って彼を送り出したが、結局、決行はされなかったようだ。しかし、それくらい当時の人たち、私たちは、日本に強い憧れを抱いていた。

少女時代から読書が大好き

蔣介石は、台湾人の日本への憧れを断ち切るために、日本のものをすべて禁止した。

私は読書が大好きだったが、新たに入ってくるのは中国語の本ばかり。しかし、私たちは日本語の代わりに中国語を押しつけられたばかりだったので、スラスラ読めるわけもなく、日本への思いはさらに募っていった。

私は、日本人が残していった本を読みあさった。自分の家にたまたま置いてあった本や、誰かが持っている本を回し読みするのだ。学校では、はじめに先輩が読む。そして先輩が読み終わると、下っ端の私たちに順番が回って来る。私は二月生まれだから、みんなより一つ下なのだが「お願い！　先に読ませて！」とわがままを言っていた。家でも、本を読んでいて返事をしなかったり、ご飯をなかなか食べなかったりしたので、読書を禁じられたこともあるくらい本を読んでいた。

私は今でも読書が大好きだが、なぜそんなに本を読むのかと聞かれれば、「他人の生き方を学べるから」と答える。人生は一度きりだ。時々仕切り直しをすることはできるけれど、どう仕切り直すかを判断するためにも、本を通じて先人たちがどうやって人生を切り開いたのかを知る必要がある。もちろん、自分もきちんと現場を見て、きちんと生きる必要があるけれども、それと同時に本をたくさん読むことで、正しい判断ができるようになるのだ。

私は、そういう本好きな少女だったが、活発だし、陽気だし、自己主張が強いし、いわゆる文学少女という感じではなかった。しかし、同じクラスのAちゃんは、THE・文学少女だった。よく私と本を奪い合っていたものの、最終的には順番を譲ってくれるやさしい子で、大きな家に住むお嬢様だった。

そんなAちゃんが、あるとき、こんなことをつぶやいた。

「死にたい」

何がきっかけだったのかはわからない。しかし、それからAちゃんは頻繁に死を口にするようになり、私を誘ってきた。彼女の自転車の後ろに乗せてもらって、踏切の前で待っていると「突っ込もうか」と言うのである。

冗談じゃない。私はそういう気はまったくない人間だ。だから絶対嫌だと断るのだが、ある日、運動会のリハーサルをした後、先に帰ろうとする私にAちゃんは言った。「やったよ」

実は、それは毒を飲んだということだった。しかし私は意味を理解できなかったので、気にせずに家へ帰った。しかし、彼女は本当に青酸系の毒を飲み、そのまま寝込んでしまった。

私は彼女が寝込んだと聞いて、単純に具合が悪くて寝込んだのだと思った。ひょっとしたら本当に毒を飲んだのかもしれないという思いが、どこかにあったかもしれないけれど、どうしたらいいかもわからなかった。お見舞いに行ったとき、彼女は別れ際「死にたくない」と言った。しかし結局、一週間後に亡くなった。

Aちゃんは、すぐに胃の洗浄をすれば助かっていたと思う。単にお腹を壊したわけではなく、そういう背景があったことを私も大人に伝えるべきだったのだが、本人もまさか本当に死ぬとは思っていなかったのだろう。あくまでも、乙女《おとめ》のセンチメンタリズムの一環だったのではないか。だから彼女は別れ際に「死にたくない」と言ったのだ。

今日の日本でも、自殺をする若者が後を絶たない。若いというのは、無知ということだ。若気の至りがよい方向に進むこともあるが、最悪のケースを迎えることもある。私自身も無知だったので、Aちゃんを救うことができなかった。若者に巣食うセンチメンタリズムは、ある意味人間を薄っぺらにすると思う。とても表面的な部分で自分に酔ってしまうのだ。センチメンタリズムに浸っていては、人は幸せにはなれない。薄っぺらい感情に惑わされるのではなく、物事の本質を捉えようとすることが大切だ。

「次は君のためにトライするよ」

私が通っていたのは、台北第一女子高級中学校という中高一貫の女子校で、台湾きっての名門校だった。だから校則が非常に厳しく、私はその口うるささに耐えられなかった。管理されるのが大嫌いな私はルールを守ることができなかった。靴が白か黒だと言われればグレーを履くし、髪の毛を耳でそろえろと言われれば肩まで伸ばす。誰にも迷惑をかけていないが、校則を守れない私は「不良」と呼ばれた。卒業後、私を金美齢だと知らない人に「台北一の不良は金美齢」と、面と向かって言われたほどだ。

そんな風に、いろいろと納得いかないルールに反抗する日々だったが、一番のルール破りは、ボーイフレンドを作ったことだろう。ボーイフレンドといっても、時々一緒にサイクリングをしたり、食事をしたりする程度の非常に幼い関係だ。今の時代では何でもないことだが、あの時代の超進学校において男女交際はご法度だった。

人生初のボーイフレンドとは、くだんの「バナナ船で密入国事件」で知り合った。密入国を企てた人の後輩にあたる高校三年生で、私は高校一年生だった。

あるとき、ラグビー部のキャプテンを務める彼に誘われて試合を観に行った。

前日の雨でグラウンドはぬかるみ、選手たちは泥だらけになりながら熱戦を繰り広げていた。勝ったほうが優勝するという、強豪校同士の因縁の一戦だ。彼の学校がトライを決めると、相手もすぐさまトライを奪い返す。一進一退の攻防が続く中、ハーフタイムを迎えた。すると、泥だらけのボーイフレンドが私の元に駆け寄ってきてこう言った。

「次は君のためにトライするよ」

……最高でしょう？　めちゃくちゃ幸せ。これは、多分私の人生のハイライトの一つだと思う。そして、彼は本当にトライを決めて優勝を勝ち取った。ラグビー日本代表の五郎丸選手の活躍を見て、この思い出がパーッと蘇《よみがえ》った。

台北一の不良と呼ばれていたけれども、実際はこの程度のこと。六十五年くらい前は、こういうのが不良だったのだ。しかし私にとってはかけがえのない大切な思い出だ。

コツコツ勉強するのは嫌いだった

実は私は、高校へ進学するつもりはなかった。コツコツ勉強するのは嫌いだし、靴だって自由に履けないし、髪の毛も伸ばせない。もういいや、こんな学校と思っていた。だから、高校へ上がるためには試験を受ける必要があったが、行く気がなかったので勉強もせずに遊んでいた。すると、父親が一言、「後悔しても知らないからね」と言った。父親は私の頑固な性格を知っているので、何が何でも進学しろとは言わない。ただ一言、そう言っただけだった。しかし私はそれを聞いて、「そうか、後で後悔しても間に合わないか」と素直に思った。

そして、受けるだけ受けてみようかと思い直し、急遽《きゅうきょ》、受験勉強を始めた。授業のノートもとっていなかったので、人のノートをパッと借りてきて、バーッとめくって。また借りてきてバーッとめくって。そういう本当にいい加減な受験勉強をドタバタとして、なんとか一番下のところにぶら下がったような感じで、試験に合格することができた。

本当に厳しい学校だったので、高校に進んでから、実は落第しかけたこともある。大切な科目を一度に二科目落とすと落第決定なのだが、私は幸いにも一科目ずつ落とした。一科目だったら補講を受ければセーフ。最初は数学を落としたのだけれど、次は英語を落とした。私は、後に早稲田大学で英語の教師をすることになるのに、なんと、高校時代に英語を落としたことがあるのだ。ひどい話である。耳がいいので、語学も最初はさっとできる。在学中は英語のスピーチコンテストで優勝したこともある。しかし、文法が入ってきたりスペルを覚える必要が出てきたりすると、勉強をしないからもうダメ。気が向いて少し真剣に勉強すると、いい点数が取れるのだが、毎日勉強に明け暮れるのは大嫌いなのだ。

高校を卒業して、私が早稲田大学の大学院に通っていたとき、当時のクラスメイトが、日本に来るというから約束して会ったことがある。たまたまその日は奨学金を受け取りに行く日だったので、彼女を連れてキャンパスを歩いていたら、「クラスで一番勉強していなかった美齢が、なぜか一番長いこと学生をやっているね」と言われてしまった。たしかにその通りだ。早稲田大学では学士が四年、修士が三年、博士がまた三年と計十年もいた。さらに四十歳のときはケンブリッジ大学にも留学した。コツコツ勉強するのは大嫌いだったが、自分の興味があることを学ぶのは楽しかった。

けれど、もしあのとき父親がつぶやいた「後悔しても知らないからね」という一言がなければ、今の私は確実にいない。早稲田大学に留学できたのも高校を出ていたからであり、中卒では厳しかっただろう。あれほどの進学校にいて、あんなにいい加減に過ごしていたのだから、台北一の不良と呼ばれても仕方がないかもしれない。

華やかな学生生活を送るはずが……

『蜻蛉日記』を『とんぼ日記』と読んだ留学試験

高校を卒業後、私は大学へ進学せず、国際学舎というところに勤め始めた。海外から、学者、大使、財界人などが多数訪れる、アカデミックで知的な雰囲気のサロンだ。大卒と同じ条件の試験にパスした私は、そこで館長秘書を務めていた。

しかし、訪問してくる人たちと接しているうちに、自分の力不足を感じるようになった。要人と渡り合うには、何かが足りない。「大学で四年間学べば、私はもっと成長できるかもしれない」と思い始めた頃、大学進学を決意させる決定的な出来事が起きた。

「君は、英語も台湾語も中国語も日本語もできる。ぜひ私の助手として大学へ来てほしい」

アメリカ人の大学教授に、こう誘われたのだ。しかし、アメリカの大学で助手になるためには、大学を卒業している必要があった。しかし私にはその資格がない。このときほど高卒であることを悔んだことはない。この出来事を受けて、私は、大学に進学して能力を磨く決心をした。

縁というのは不思議なもので、国際学舎に日本からの留学生が三人いた。日本だったら何とか手が届くというわけではないけれども、彼らの助けを得て、私は日本へ留学する運びとなった。しかしこれには、いくつかの問題があった。

第一の問題は、パスポート。まずは就職するという名目で、パスポートを取得しようとした。そのためには「あなたを雇います」という日本の会社からの招聘《しょうへい》状が必要だったが、これは運よくクリア。三人のうちの一人が社長の息子だったので、お父さんの会社で雇う形にしてもらえたのだ。これで、パスポートは無事に取得することができた。

次なる問題は、どの大学に留学するのかということ。三人のうちの一人は早稲田大学出身で、学生課の人間と知り合いだったため、早稲田大学に留学するという方向性が築かれていった。そして学生課の知人宛てに手紙を書き、後日、無事に入学許可証が届いた。

最後の問題は、煩雑な手続きだ。入学までに提出しなくてはいけない書類や確認事項など、事務作業が山ほどある。しかも、ビザがなかなか発行されなかった。日本の大使館へ行って留学用のビザを受け取らないといけないのだが、待てど暮らせど発行されない。当時はFAXもないから何度も足を運び、一等書記官ともすっかり顔なじみになってしまった。結局、丸紅の商社マンだったもう一人の日本人が一生懸命催促をしてくれたおかげで、なんとか入学のタイミングに間に合った。

やれやれと思ったのも束《つか》の間、実はここから先が、さらに大変だった。新しい生活に胸を躍らせて日本へ降り立ち、いざ、入学許可証を手に早稲田の教務課へ行ってみたら、「試験に合格しないと入学は許可できません」と言うではないか。

まさか試験があるとは思っていなかった。入学許可証をもらったのだから、これで絶対に入学できると思うのがふつうだろう。しかし担当者は、それは手続きをするための書類であって入学許可証ではないと言う。しかも、その人は私の顔を見るなり、こう言ったのだ。

「あんた、名前負けするね」

金美齢というから、おそらく美人を想像していたのだろう。ところが現れたのはすっぴんのチビな女の子。期待外れだったのだろうが失礼な話だ。私は今でもその言葉が忘れられない。

そして数日後に、全学部、大学院も一緒に日本語の試験が実施された。それはまあまあのでき。日本語で本を読んでいたので、上から三番目の成績を取ることができた。一番と二番は大学院に入る人だったので、幸先のよいスタートだ。

翌日は、学部別に試験が行われた。私はいずれアメリカへ留学するつもりだったので、文学部の英文学科に申し込んだ。ところが、なぜか台湾からの留学生は私以外ほとんどが商学部を希望していた。実は、当時の商学部の学部長が、「早稲田は地球の上にあります」と言って、留学生大歓迎。一人も落とさない方針だったのだ。後で聞いて「しまった」と思ったが、そんな大事な情報を知らない私は、文学部に申し込んでしまっていた。

英語、国語、世界史の三科目を受けたが、世界史は、もう何を書いたのだかまったくわからない。英語は、日本語に訳す長文問題が二つ出た。ふつうの文章ならできるけれども、論文的なものは読みなれていないから多分半分しかできていない。そして国語。左側に古典が三つ、右側に作者の名前が四つあって、正しい組み合わせを選ぶという問題だった。「とんぼ日記？　もう、作者なんてわからないわよ」と思いながら当てずっぽうで解いて、正解したのは『源氏物語』＝紫式部だけだった。

後で友達に、「とんぼ日記の作者って誰？」と聞いたら、「それは、かげろう日記と読むのよ」と言われた。『蜻蛉《かげろう》日記』を『とんぼ日記』と読むなんて。本当にぼろぼろ。でもまぁ、古典以外に作文のような問題もあったので、かろうじて点が取れたのだと思う。

結局、文学部を受けた留学生は七人いたのだが、私しか受からなかった。全員落とすわけにはいかないと思ったのだろう。そして面接で、「どうってことない問題ですけどね」

と嫌味を言われた。だけど、できるわけがないではないか。受験勉強をしていないんだから。

そういう危うい、塀の上を歩いてどちらに落ちるかわからないような状態でなんとか試験に合格し、私は一九五九年の春、早稲田大学に入学した。二十五歳のときだった。

それにしても、もし落ちていたら今頃どうなっていたことだろう。そのまま台湾に引き返して、政治活動をすることもなく暮らしていたかもしれない。そう考えると、あの三人の留学生と出会えたことは強運だったし、試験に合格できるかどうかは、まさに運命の分かれ道だった。

チャラチャラ女子学生として留学生活を満喫

私は日本での生活に心躍らせていた。映画の中の、アメリカの学生生活のような華やかな日々を夢見ていたのだ。だから、「これは歌舞伎を観に行くとき用。これはオペラ用」という具合に、さまざまな社交に合わせてチャイナドレスをスーツケースに詰めてきた。しかも、ハンドバッグと靴もセットで。私はけっこう、おしゃれな人間なのだ。

そしてあるとき、学校帰りに数人の男子と音楽会へ行くことになった。いよいよ来た。

私の夢見ていた華の学生生活！　鑑賞を終えた私はドキドキしていた。「どんなところでディナーをするのかしら。それとも、お茶を飲みながら感想を語り合うのかしら」

しかし、彼らが向かった先は不二家だった。しかも店の中には入らずに、店先でアイスクリームを食べ始めた。そして食べ終わったら、はい、さよなら。

「え？　不二家のペコちゃんが立っている店頭でアイスクリームを食べて、新宿駅で解散？」

私の頭の中で描いていた、きれいな格好をして歌舞伎にも行って、お芝居にも行って……という思いが崩れ落ちた瞬間だった。しかし、よく考えてみれば当たり前なのだ。私は二十五歳だったけれども、他の一年生は十八、十九歳ばかり。子どもっぽくて当然である。

けれども、私はそういう環境にもすぐに慣れるタイプで「まぁ、いっか」と受け止めることができる。根が能天気なのだ。クラスメイトから「金さん、十八歳？　十九歳？」と聞かれると返事に困るのだが、「もうちょっと上」とか言いながら、楽しく過ごしていた。一番仲良くなった女の子は現役で合格していたので七つも下だったが、何のギャップも感じなかった。

チャイナドレスの出番はなかったが、私は初志貫徹といわんばかりに必死にお金を貯《た》めて、お芝居やオペラなどに足しげく通っていた。

あるとき、『白鳥の湖』が上演されることになり、なけなしのお金でチケットを買った。一番後ろの一番安い席なので、舞台はまったく見えないだろう。そこで、オペラグラスを持って行こうと決めた。誰か貸してくれそうな人がいないかクラスを見渡してみると、一人、期待できそうな男の子がいた。なぜそう思ったかというと、英語の授業で、「誰かシェイクスピアの舞台を観た人はいますか?」と先生に聞かれたときに、彼だけが手を挙げて「I' ve enjoyed.」と答えていたのだ。

そこで、全然口をきいたことはなかったけれど、「オペラグラス、持ってらっしゃいますか?」と尋ねてみた。すると案の定、彼はオペラグラスを持っていた。

それ以来、彼とはたまに一緒に観劇する仲となった。好きとかそういう感情はないけれども、一緒に物事をたしなむ最適なパートナーだった。

こんな風に学生生活を満喫していた私は、当然、政治活動など一切していなかった。本当に、ただのチャラチャラした女子学生。当時は六〇年安保の時代で、しかも早稲田大学にいるわけだから、クラス討論が行われることも多かった。でも、私は何も発言しなかった。ただ、見ていた。なぜなら、私はアウトサイダーであり、イエスともノーとも言う立場ではないと思ったたし、わからなかったからだ。自分がわからないことに口を出すのは、違うと思った。そしてこの頃、私の人生を大きく突き動かす、ある出会いがあった。『台湾青年』との出会いだ。

人生の分岐点『台湾青年』との出会い

一九六〇年の春、ある雑誌がポストに届いた。タイトルは『台湾青年』。それを見た私は目を疑った。なぜなら、当時の台湾は、あくまでも中国の一部であり、「中華民国」と名乗るのが一般的だったからだ。しかしこの雑誌は、「台湾」と名乗っている。政治的タブーを冒しており、ある種の思想を表明しているのだ。

私以外の台湾人留学生の手元にも届いていたが、「指紋がつくといけないから箸でつまんで捨てた」という人もいたそうだ。当時の台湾で政府批判や独立運動をしようものなら、投獄は当たり前。死刑になるか、運がよくても十年くらいの懲役刑が科せられた。そのため、内心は台湾独立を願っていても、それを口に出す人はいないし、そもそも台湾が独立するなんて不可能だと思われていた。だから、日本国内であろうとも、台湾が台湾であることを主張することは、ありえないことだった。

私はその雑誌のページを次々とめくっていった。発行人の「王育徳《おういくとく》」は本名をさらしているし、誌面には台湾の政治や社会の問題点がストレートに記されている。「こんなに勇気のある人たちがいるなんて」と、心底驚いた。感動したと言っても過言ではない。私自身、台湾の現状を憂えることはあったが、行動は何も起こしていなかった。

あっという間に読み終えると、その興奮も冷めやらぬまま、私は飯田橋へ向かった。台湾にいた頃に論文作成を手伝ったことがある、ユダヤ系アメリカ人のマーク・マンコールと食事をする約束をしていたのだ。

マークと落ち合い、タクシーに乗り込むやいなや、マークが切り出した。

「『台湾青年』という雑誌、知ってる？」

まさに今日届いたばかりの雑誌、先程感銘を受けた雑誌の話題が、突如として上ったのである。私は驚きつつも、

「知っている！　素晴らしいわ！　勇気があるし、台湾人留学生で、これほど学識があって、文章力も高いなんて驚いたわ」とまくし立てた。

すると、「あの人たちに会ってみたい？」と聞いてくるではないか。そして私は反射的

に「会いたい！」と答えた。

発行人の王育徳以外の執筆者は、全員ペンネームだった。日本にいる国民党のスパイに目をつけられないようにするためだ。だから、マークが私を『台湾青年』の発行者たちに紹介するためには、私が国民党のスパイではないと確信していなくてはならない。しかしなぜか私は彼のメガネにかない、王育徳たちに会わせてもらえることになった。おそらく、「あの雑誌は素晴らしい！」と嬉々《きき》として話す私を見て、ウソをついていないということがわかったのだろう。

今思うと、これが私の人生の大きな分岐点となった。『台湾青年』の発行者に会うということは、政治活動に一歩踏み出すということだ。しかし私が「会いたい」と言った理由は、勇気ではなく、好奇心があったからだ。「こんなにすごい雑誌を作る台湾人に会ってみたい」。ただ単純にそう思った。

私は本当にチャラチャラした女子学生で、遊ぶほうが大切だったのに、あの瞬間、なぜか無謀にも「会いたい」と言ってしまった。そしてマークはすぐに、『台湾青年』の幹部である黄昭堂《こうしょうどう》に連絡をしてくれた。

正しい道に「NO」とは言えない

マークから連絡を受けた黄昭堂は「自分から俺たちに会いたいと言ってくるような人間はスパイに違いない。しかも女だろう。役に立たない」と言ったそうだ。しかしマークは「彼女はスパイではない。僕が保証する」と言って、私を彼らに引き合わせる手はずをしてくれた。

マークの家へ行くと、王育徳と黄昭堂がその場にいた。

王育徳は、『台湾青年』の発行人でありリーダーである。国民党軍に二・二八事件で兄を殺され、日本へ密入国した人間だ。東大に入学し、大学の講師を務めていた。

黄昭堂は東大の学生で、王育徳の一番弟子のような存在。黄昭堂は明らかに私を警戒していた。これは私という人間を見定める、テストのような場なのだ。彼らも、私の前に顔をさらすわけだから覚悟がいる。

「金さんは、早稲田大学の学生なんだよね?」

「はい、英米文学を専攻しています」

「そうか、じゃあ英語ができるのか。僕は外国人と会うことがあるけれども、英語が全然できないから、通訳として付いて来てくれないか」

王育徳が、私に通訳を頼んできた。

「もしも私が、彼らの通訳として同行したら、私もある種の仲間として顔と名前をさらすことになる……」。そんな考えが頭をかすめ、さすがに一瞬怯《ひる》んだ。

しかし、こういうときに「NO」と言えないのが私という人間だ。ツッパリ魂である。間違った道ならもちろん拒否をする。絶対に嫌だと。けれども、これは正しい道であるし、こういうことをやっている人がいるのに、そこで私がNOと言うのは卑怯だと思った。しかも、私は自分から会いたいと言ってやって来たのだ。ここでNOと言うなら最初から会わなければいいではないか。だから私は言った。

「はい、わかりました」

実際には、通訳の仕事はそれほどなかったし、まだ仲間として加盟したわけでもないのだが、私の胸には、一歩踏み入れたという思いが少しずつ広がっていった。

スパイ映画さながらの極秘ミッション

ある日、住んでいた学生寮の「平和寮」に、黄昭堂から電話がかかってきた。神田のバーに呼び出され、私は彼にカクテルを一杯おごられた。私はお酒を飲めないのだけれど、まぁ、いいだろう。

カクテルに口をつけ、沈黙が訪れたとき、彼はこう切り出した。

「台湾にいるある人に、伝言を頼みたい」

ある人というのは、台湾の無党派の議員だ。当時の台湾は国民党が支配していたので、議員はほとんど国民党の人間である。つまり、無党派ということは、国民党に対抗する人間、台湾独立派を意味していた。

「何を伝えればいいの？」

ここでも私のツッパリ魂が顔を出した。これは、明らかに極秘指令だ。彼は私にスパイをしろと言っているのである。バレたら無事ではいられない。しかし、ツッパリな私は断らない。

預かった伝言は、暗号めいたもので私には意味がわからなかった。ただ丸暗記をして、相手に口頭で伝える。それが私のミッションなのだ。

私はすぐに台湾へ飛んだ。ちょうど夏休み中で、病弱な父の様子を見るために帰国する予定だったからだ。おそらく、黄昭堂はそれをどこかで聞きつけて、私に白羽の矢を立てたのだろう。

いざ台湾へ降り立つと一気に恐怖心がわき上がってきた。早稲田のキャンパスは自由そのものだけれども、ここは違う。理屈ではなくて空気が違う。日本にいるときは、私はまだ正式に連盟に加盟したわけでもないし、表立って何かをしたわけでもないから、ある意味何の痕跡も残していない。しかし、もし私が彼に会いに行くことが国民党に知られたら、それだけで目をつけられる。さらに秘密指令がバレたとしたら、投獄される恐れだってあるだろう。そう思うと、私は味わったことのない恐怖に包まれた。しかし、ここまで来たらやるしかないのだ。

偶然にも、私は相手の娘さんと面識があった。彼女は日本の武蔵野音楽大学に留学していたので、留学生同士、ちょっとしたつながりがあった。そこで「お嬢さんに言付かった伝言があります」と連絡を入れて、会う約束を取り付けた。数日間滞在する予定だったが、相手と会うのは、東京に帰る前日に設定した。何かあった場合、追跡されにくくするためだ。さらに私は念には念を入れて、帰国の際には、敵の懐に飛び込む作戦を立てた。

作戦はこうだ。当時、国民党は留学生を軍艦に乗せて送り迎えをしていた。学生にあちこち挨拶まわりをさせたり、軍隊を慰問させたりすることで、若者に支持されていることをアピールしていたのだ。私はそれを利用することにした。私は何度か、国民党の要人の通訳をしたことがあったので、国民党へのパイプがあった。私は国民党は嫌いだが、そこは政経分離。通訳や司会の仕事を頼まれれば引き受ける。しまいには「台湾で僕の秘書になってくれ」と散々勧誘されるほど国民党にかわいがられていた。もしこのとき、秘書の話を引き受けていたら、きっと私は国民党で出世していたと思う。

「帰りの飛行機代を節約したいので、軍艦に乗せてもらえませんか？」

国民党の知り合いに連絡をすると、簡単に要求が通った。軍艦で帰国するなら、税関を通らずに済む。チェックが甘くなるに越したことはない。こうして帰国の手はずを整え、いよいよ相手と会う日を迎えた。

私は、暗記した言葉を一言一言、間違えないように正確に伝えた。私には意味がわからないけれども、相手は神妙な顔で聞いている。そしてすべて聞き終えると、「そうか、わかった」とうなずいた。やっとお役御免！　しかし、ほっとしたのも束の間、相手はガサガサとカバンを探り、資料を私に差し出した。

「じゃあ、これを持って帰って、黄昭堂に渡してくれ」

ちょっと待って。勘弁して！　ようやく大役を果たしたというのに、またこんな指令を受けるなんて。しかも紙？　それも束になったものである。一枚や二枚ならまだいいが、数が多くなると、それは明らかに何らかの意味を持つことになる。私は内心悲鳴を上げながらも、やはりNOとは言えない。

「わかりました」

資料を受け取った後は、怖くてすぐに家へ帰れなかった。「尾行されていたらどうしよう。この資料が見つかったらどうしよう」。いろいろな思いが頭をよぎった。

そこでひとまず、なじみの、お土産屋さんのような店に行って「これ、ちょっと預かってくれる？」と荷物を預けた。当時の台湾は正式な貿易が行われていなかったため、個人のバイヤーのような人間が店に出入りすることはよくあることだった。だから私がバイヤーとして店に荷物を預けることは、不自然ではない。

私は辺りをぐるぐる歩きながら心を落ち着かせた。そして店に戻って荷物を引き取り、家へ帰った。考えた結果、預かった資料を一枚ずつばらし、日本へ持ち帰るお土産の包み紙にすることにした。これなら、万が一見つかっても言い訳しやすいだろう。

何も知らない父は、港まで見送りに来てくれた。しかし私は覚悟していた。「もう台湾には帰って来られないだろう」と。だから、父と会うのもこれが最後になる。父の身に何かあっても、帰って来られないのだ。しかし意地っ張りな私は、「体を大切にしてよ。急に倒れたって、すぐには戻れないんだからね」とぶっきらぼうに言った。父も何か感じたのだろう。「何かあっても、帰って来なくていいよ」と言った。結局それが父と会う最後になった。

日本へ戻り、黄昭堂と例のバーで待ち合わせをして、預かってきたものを渡した。こっちはカクテル一杯おごってもらっただけなのに、資料の束だけでなく、台湾から持って帰ったものをお土産としてあげた。本当に、バカみたいだ。しかも彼は受け取るなり、こう言った。「本当にやってくれるとは思わなかった」

どうせ怖がって途中で投げ出すと思っていたのだろう。それなのに、私はお土産まで抱えて帰って来たのだから、さぞ驚いたはずだ。「女だと思ってバカにして」と思いながらも、私は大役を果たした誇らしさを感じていた。

それにしても、これは本当にスパイ映画のような経験だった。スパイというのは、別にピストルをぶっ放したりするわけではなく、こういうことなのだと心底思った。情報の収集と分析。そしてそれを元にどのような答えを導き出すか。それがスパイというものなのである。

この私がブラックリストに載るなんて！

こうして、私は少しずつ、少しずつ、台湾独立運動に身を傾けていった。そして『台湾青年』と出会ってから二年か三年後に、正式に彼らの仲間になった。仲間になったといっても、特別なことをするわけではない。『台湾青年』を発行したり、週に一回、みんなで集まって情報交換をしたりする程度の活動だ。中には、日本で開かれる国民党主催の集まりに発煙筒や催涙弾などを置いてくる人もいたようだが、私はそういうのはノータッチ。ひたすら雑誌を発行して、台湾の未来について語り合う日々だった。

だから、私はまだ国民党に目をつけられてはいないし、当然、ブラックリストにも載っていなかった。しかし、「台湾稲門会《たいわんとうもんかい》」を発足したことで、私はついにブラックリスト入りをしてしまった。

台湾稲門会というのは、早稲田大学の台湾人留学生の会のことだ。私が大学院に入る直前だったと思うが、「台湾稲門会を作るから、その発起人になれ」と組織に言われた。リストを見ると、私より後輩もいるし、先輩もいる。先輩は、歳は私と同じくらいだが、大学院の修士を出たばかりだった。当然ドクターまで行くだろうと思い、私は安心していた。

「この人がいれば、まかり間違っても私がトップに立つことはないよね」と。

そして、忘れもしない大隈《おおくま》会館。そこで台湾稲門会が正式に発足し、幹事長を決めることになったとき、私はパッと手を挙げて、その先輩を推薦した。ところがである。彼はすっと立ち上がり、「申し訳ないけど、僕、来週アメリカに留学しますと言ったのだ。ペンシルベニア大学の有名なMBAを取得しに行くらしい。

それを聞いて、私はもうがっくり。「まったくもう、何も言わないでさぁ、卑怯者」と内心思いながら、仕方なく代わりに初代幹事長を引き受けた。冗談でしょうと言いたいところだが、やはりNOと言うことはできなかった。これは大変な仕事だけど、やらなければいけない仕事だし、ここで断ったら女がすたると思ったからだ。ツッパリの人間というのは、そういうものだ。選択を迫られたときに、より困難なほうを選んでしまう。せざるをえないというのがツッパリなのだ。

私は、やるべきことから逃げて歩くのは嫌だ。常に逃げていたら、どんどん世界が狭くなり、人間も小さくなる。台湾への極秘指令のときも、もしあそこで私が断っても、誰も私を責めることはできないだろう。しかし、正しい活動をしている人がいるのに、私がNOと言うことはできない。一歩踏み出すかどうかの問題なのだ。

そしてあっという間にブラックリスト入りである。台湾という言葉を使っているのだから、思想は明々白々。自らカミングアウトしているようなものなのだ。ブラックリストに載ると、台湾に入国することはできなくなる。私の家族も日本へ来ることは許されない。『蜻蛉日記』を『とんぼ日記』と読んでいた頃は、まさかこんなことになるとは夢にも思っていなかった。好奇心とツッパリ魂に突き動かされて、少しずつ引き寄せられていった感じである。けれども私は、何も後悔していない。それが正しい道だと信じていた。

人生を懸けた闘い

大切なのは、まず自分の生活を整えること

独立運動を続けて行くためには、突破すべき関門が二つある。一つは、「親の病気」。もう一つは「遺産分け」だ。

独立運動を行う人間は、ブラックリストに載るので、台湾へ入国できなくなるし、台湾

にいる家族も自由に出国できなくなる。だから、たとえ親が病気でもお見舞いに行くことができない。そこで転向が促されることになる。「もう台湾独立運動などしませんから、どうか台湾へ帰らせてください」と大使館に行って反省書を書き、パスポートをもらうのだ。

実際、私にも連絡が来た。「父親が危篤だから帰って来い」と。しかし私は帰らなかった。父に会いたい気持ちは山々だったが、私には台湾独立を目指してともに闘っている仲間がいる。彼らを裏切ることはできないし、私自身も台湾の独立を心から願っているからだ。正しいと信じて進んでいる道を、引き返すわけにはいかない。

黄昭堂にも第一の関門が立ちはだかった。

彼は、お父さんを早くに亡くし、お母さんに女手一つで育てられた。そのお母さんが病気になったから「帰って来い」と言うのだ。しかし彼は帰らなかった。そしてお母さんは亡くなった。

母親の死に目に会えないだけでも辛いのに、彼はさらに追い詰められることになる。「黄昭堂が帰って来ないと、葬式を出すことは許さない」と、国民党政府に圧力をかけられてしまったのだ。それでも帰国を拒む彼の元に、お姉さんのご主人が説得に来てこう言った。

「たった一人の母親の葬式も出せなくて、あんた、何が台湾人を救うだ。自分の母親も幸せにできなくて、葬儀さえ出せないで、お前は何を考えているんだ」

このとき、黄昭堂はホテルから自分の家まで、泣きながら帰ったそうだ。

当時の黄昭堂の胸の内を思うと、張り裂けんばかりの気持ちになる。どれほど辛かったことだろう。しかも、彼はこのことを当時、誰にも言わなかった。すべて後から聞いた話だ。そして数十年後、ブラックリストが解除されて台湾へ凱旋《がいせん》帰国したときに、彼は故郷の人たちの前でワァッと泣き崩れて言った。

「母がお世話になりました。本当にありがとうございました」

長い闘いの中で、彼が泣くのを見たのはこのときが最初で最後だった。

第二の関門も、黄昭堂は乗り越えた。彼の実家は地元の名家だったので、お母さんが亡くなった後、本来なら莫大《ばくだい》な遺産が手に入るのだが、手続きをするためには台湾へ帰らなくてはならない。しかし帰るわけにはいかない。その結果、彼が相続するはずの財産は、凍結されてしまった。

ブラックリストが解除されて帰国した後は、資産凍結も解かれ、彼は財産を相続することができた。そして彼は、お姉さんのご主人が商売をするというので、お姉さんにはとても世話になっているからと、自分の台湾の土地を抵当に入れて、そのご主人の保証人になった。姉婿は商売に失敗し、結局、彼も土地を全部失って破産状態。それでも彼は愚痴一つ吐かなかった。

彼は私利私欲がまったくなく、純粋に自分の信念、台湾の独立のために人生を懸けていた。こんな人が近くにいたら、私が途中で降りるわけにはいかない。

実際は、この二つの関門以外にも、こまごまとした転向を促す活動が存在する。そして、多くの仲間が独立運動を諦め、私たちの元から離れていった。すべての関門を突破しない限り、独立運動を続けることはできないのだ。

時々若者が訪ねて来て、「台湾のために、仕事を辞めてでも活動したい」と言うことがある。そういうとき、私は「絶対に辞めてはダメ。あなたが仕事を辞めたって、誰も話を聞いてくれないからね。それだけは絶対にやめなさい」と伝えている。

私自身、「仕事なんかしないで、独立運動にすべてを懸けろ」と言われたことがあるが、それは間違っている。生活をしていくためにはお金が必要だし、たくさんの人に意見を聞いてもらうためには、社会的信用も必要だ。私が話をするにしても、数十年前と今とでは、耳を傾けてくれる人の数がまったく違う。テレビに出るようになり、多少名前が売れた私の話は、それこそ講演会に呼んでまでして聞いてくださる人たちがいるのだ。

独立運動のように、人生を懸けて「何か」を成し遂げようとするときに、大切なのは生活の基盤を整えることである。突然、パッと燃えて、何もかも放り出して身を投じても、決して続きはしない。挑んでいるのは人生を懸けた闘いだ。長期戦になるのは必至である。それをわかっていないこと自体が間違いなのだ。もしかしたら一生叶《かな》わない夢かもしれない。だから、それを追うと決めたなら、まずは毎日の生活をきちんとすること。それが、幸せをつかみ取るための条件だ。

仲間が強制送還の危機。「舌を噛め！」

あるとき、仲間の一人が強制送還される事態に陥った。

彼は、大学院を卒業後、職に就かず、独立運動に専念していた。そのためビザを取り上げられてしまったのだ。しかし、役所にこまめに顔を出しては、特別に短期間のビザを発行してもらうということを何度か繰り返していた。

いつもは、危機管理として午前中に誰かを伴って役所へ行っていた。なぜなら、万一収容されたとしても、まだ役所が動いている時間なら、「この人はブラックリストに載っているから、台湾に送り返されたら大変なことになる」と裁判所に訴えれば、解放される可能性があるからだ。実際、以前に一度、この方法で仲間を救い出したことがあった。

しかし、その日は油断したのだろう。夕方の、役所が閉まる間際に一人で行ってしまい、パッと勾留された。そして役所から、彼を勾留した旨が我々のリーダーに伝えられ、「大変なことになったから、今から来い！」と私たち仲間に招集がかかった。私は結婚をして、乳飲み児を抱えていたのだが、すぐにみんなの元へ駆けつけた。

話し合いは難航した。このままでは強制送還されてしまうが、役所が閉まっている以上、正式な方法で彼を連れ戻すことはできない。そして一つの結論に達した。「力ずくで奪い返すしかない」

東京の入管にいるのか、横浜の入管にいるのかわからなかったので、二手に分かれて、翌朝、奪還に行くことになった。つまり、空港へ移送されている途中に車で体当たりをして、動けなくしてしまうのだ。しかし、なんとかそれまでに止める方法はないものか？

実は私には一つ、案が浮かんでいた。かつて一度だけ通訳をしたことがある、岸信介元首相に頼み込むという案だ。「一度通訳をしたことがあります。金美齢です」と言っても、覚えてもいないだろう。成功する可能性は極めて低い。けれども、このままでは彼は台湾に連れ戻されて、死刑になってしまうかもしれないのだ。私は仲間とともに岸信介元首相の自宅へ向かった。

時刻は丑三《うしみ》つ時。私は冬の寒さに震えながらインターホンを押した。返事はない。もう一度押しても返事はない。結局何度押しても応答はなかった。

諦めてみんなの元に戻り、早朝の奪還に向けて作戦を練った。その結果、Aチーム、Bチームの二手に分かれて、東京と横浜の入管へ向かうことになった。うちの旦那はBチームで、横浜の担当。私は女なので、事務所で待機することになった。

Aチームは用意周到だった。車をぶつけたときの衝撃を少しでも和らげるために、たくさん服を着込んだそうだ。メンバーの一人は、ご丁寧に奥さんに「万一僕に何かあったら、君は再婚をして幸せになってくれ」と遺言まで残したとか。

一方、Bチームの旦那は呑気《のんき》なもの。そんな言葉を残すはずもなく、私は私で、せいぜい足を一本折るくらいだろうと思いながら旦那を送り出した。

結局、Bチームの運転手がおっちょこちょいだったため、途中で車が動かなくなってしまった。焦って運転したせいで、車がエンストしてしまったのだ。だから、うちの旦那はただ助手席に座っていただけという、まったくの役立たずだった。

移送中に奪還することはできなかったので、Aチームのみんなは羽田空港に向かった。彼が強制送還されるために空港に連れて来られるのを待ち、姿が見えた瞬間、仲間がみんな見張っていた場所から飛び降りた。そして黄昭堂が彼を捕まえて叫んだ。

「舌を噛《か》め！」

舌を噛んで重傷を負えば、そのまま入院することになり、日本での時間がかせげる。しかし、自分で舌を噛むというのは、なかなかできることではない。彼は言われた通りに舌を噛み、多少出血したものの重症には至らなかった。そして仲間たちの抵抗も虚《むな》しく、彼は強制送還されてしまった。

でも、私たちがそんな騒ぎを起こしたことを、日本のメディアが報じてくれたおかげで、彼は強制送還後、逮捕はされずに済んだ。逮捕したり、死刑にでもしようものなら、国際問題として非難されかねず、国民党政府としてもそのような事態は避けたかったのだろう。だが、彼はその後ずっと軟禁状態におかれ、政治的な活動はまったく何もできなかった。

パスポートを奪われて生きるということ

私は一九六四年、周英明と結婚をした年にパスポートを失った。最初は周がパスポートを奪われた。

彼がパスポートの更新に行くと「手続きが完了したらご連絡します」と言われたきり、連絡が来なかった。これは周がブラックリストに載ったことを意味している。ブラックリストに載った人間は、パスポートを持つことができない。

その一カ月後、今度は私の更新の時期が来た。しかし、夫のパスポートが更新されないのに妻である私だけ更新されるはずがない。私もブラックリストに載っているはずである。だから私はパスポートをビリッと破ってポイッと捨てた。「もういい。わかった。彼のパスポートが更新されないのに、私だけ更新されるはずがない。わざわざ交通費を払って大使館まで行って、時間をかけて届けてやる必要なんてない！」という、ある種のけじめというか覚悟。こんな目に遭ったって、台湾独立運動をやめはしないと自分自身を鼓舞するパフォーマンスでもある。それに、かっこいいではないか。ビリッと破ってポイッと捨てて、ああ、せいせいしたという感じだ。

しかし、怒りが収まり、冷静になってから後悔した。あのパスポートは歴史的にも貴重だし、記念にとっておけば、こういう本を出すときにも役立ったはずだ。なぜ私は、こんなに気が短く、おっちょこちょいなのだろうかとつくづく思う。

こうして、私たち夫婦はパスポートを失ったが、今まで不法滞在をしたことは一度もない。パスポートがないと、当然日本政府からビザをもらえなくなるのだが、特別滞在というものがあり、きちんと社会生活を営んでいる人間に対しては、特別なビザが発行されるのだ。私たち夫婦はというと、周は大学で教鞭《きょうべん》を執っていたし、私は大学院の学生だったので、問題はないと見なされてビザを発行してもらえていた。もし、日本政府が特別滞留を認めてくれず、台湾へ送り返される羽目になっていたら、おそらく投獄されていただろう。だから、私たちが日本で暮らすことを許可してくれた日本には、心から感謝している。

パスポートを失った十年後、私は海外へ行く必要が生じた。オーストリアで開催される、世界台湾同郷会の設立大会に出席するためだ。

実は、パスポートを持たない人間でも、海外へ行く方法がある。まず、日本の法務省に「再入国許可証」を発行してもらい、それを持って訪問国の領事館へ行き、ビザを発行してもらうのだ。しかし、この手続きが非常に厄介。この「再入国許可証」はビザを発行する領事館でも、あまり目にする機会がないので、「これは何だ」といちいち聞かれて説明するのが大変だった。そんな身に置かれている自分を説明するのも、情けなかった。本当は、ついでにオーストリア以外の国へも行こうと思っていたのだが、ドイツをはじめとする数カ国は、そもそもパスポートを持たない人間にはビザを発行してくれなかった。

日本人のみなさんには、パスポートがないということが、どういうことなのか想像しにくいかもしれない。パスポートを持っていないということは、単純に海外旅行がしにくいということではなく、自分の存在を証明できないということだ。「この人物の身元を保証します」という国の保護がなく、祖国を感じることもできず、宙ぶらりんの状態にさらされる。私は三十一年間、パスポートのない生活を送ったが、その間ずっと己のアイデンティティと向き合ってきた。私は一体何者なのか。私は何人なのか。その問題に常に対峙し、自分の存在を問い続けてきたのだ。

深夜の逃避行、覚悟のハグ

忘れられない事件がある。「スパイ事件」だ。

台湾稲門会や台湾独立建国連盟で話し合いをすると、なぜか情報が漏れた。スパイがいるのではないかという話になり、一人の男に目星がつけられた。そこで、彼を呼び出して問い詰めることになったのだが、私と周はこの手の修羅場には向かないと思われたのか、帰れと言われて、家にいた。

そして黄昭堂をはじめとする主要メンバー五人による、査問会が行われた。彼はなかなか白状しなかったが、最終的にはスパイであることを認めた。彼の言い分はこうだ。「病気の父親を見舞うため、台湾に帰ったら自分の身分がバレていた。そして、国民党の秘密組織に呼び出され、スパイにならないと東京へ帰さないと脅された……」

同情すべき点はあるが、裏切られたことに仲間たちは憤《いきどお》り、メンバーの一人が彼をナイフで刺してしまった。すぐに病院へ運んで手当をし、幸い軽傷ではあったものの、その場にいた五人は、彼から訴えられてしまった。

私たち二人はその場にいなかったので逮捕を免れたが、主要メンバー五人が捕まった。このままでは、毎月発行している『台湾青年』を発行することができない。

そんなとき、知り合いの議員から電話がかかってきた。実は周にも証拠隠滅を手伝った罪で、逮捕状が出ていると言うではないか。今捕まると、『台湾青年』を発行できなくなる。今や、私たち二人しか発行できる人間はいないのだ。幹部がいなくても、雑誌をいつも通り発行して、我々の基盤の強さを示さなくてはならない。考えた末、私たちは逃げることにした。

深夜に二人。アパートを出る前にハグをした。ロマンティックなことをしない我々にとっては珍しい行動だったが、これから逃避行しなくてはいけないという、覚悟を背負ったハグだった。

その日はホテルに一泊し、次の日、知人を頼って神奈川県の山の中へ向かった。知人というのは、のちに中国問題の評論家としてブレイクする鳥居民《とりいたみ》さんだ。実は彼は、鄭飛龍《ていひりゅう》というペンネームで『台湾青年』に寄稿をしていた私たちの仲間である。そこで数週間お世話になりながら、鳥居さんにも手伝っていただいて、なんとか『台湾青年』を予定通り発行することができた。

黄昭堂ら五人は二十六日後に仮釈放され、執行猶予つきの有罪判決を受けた。そして、無事に『台湾青年』を発行した周は自首をした。着替えを持って警察へ行き、「私をお捜しですか?」と言ったのだが、何を今頃のこのこ出てきているんだと。今日はもう終わりだから、また明日来いと追い返された。そして翌日また出頭して、留置場に二日入った。そこで彼は留置場仲間に、「おまえ、何をしたんだ。こそ泥か?　のぞきか?」と聞かれて、「いやぁ、もうちょっと大きなものを。国を盗もうとしたんです」と威張ったらしい。

運命の女神が台湾に微笑みかけた

一九八八年、李登輝《りとうき》が国民党の総統に就任した。彼は日本統治下の台湾に生まれた台湾人で、戦後に大陸から逃げてきて台湾を支配し始めた人たちの一人ではない。ではなぜ、そんな彼が総統に就いたのか？　これはまさに、運命の女神が台湾に微笑みかけたと言うしかない。

彼は非常に真面目な優等生だった。求められる役割を果たそうと努力する人間であり、ポストを与えられるごとに成長していった。それでいて、反乱を起こすような野心家ではない。当時の総統である蔣経国《しょうけいこく》からすると、コントロールしやすい無難な人間だった。そのため、蔣経国は李登輝を副総統に任命し、頭脳を頼りにしながら独裁をふるおうとしていた。しかし突然、蔣経国は死んだ。その結果、憲法の規定に沿って副総統の李登輝が総統に就任した。中国人ではなく、純粋な台湾人が総統になるのは、一九四五年に蔣介石が乗り込んで来て以来初めてのことだった。

国民党の元老は「どうせ操り人形になるだろう」と軽く考えていたが、現実は違っていた。これは後から李登輝本人に聞いたことだが、副総統をしていた頃から、蔣経国が国を動かす決断を下すとき、自分ならどうするかということを常に考えていたそうだ。要するに、優等生だから学ぶことが好きなのである。

そして、いざ自分が総統というポストを与えられたとき、彼は台湾の未来をこれまで以上に考え、台湾という国が栄えるために、自分がすべきことを忠実に行っていった。その結果、決して、血を見るような革命を起こしたわけではないにもかかわらず、いつの間にか国民党の元老たちの力をもぎ、台湾の民主化を推し進めてしまったのだ。

私なんかは、「違うでしょ！」などと、思ったことをすぐ口にしてケンカを始めてしまうタイプなので、李登輝のような「静かなる革命」は成しえないだろう。彼は台湾人のアイデンティティを備えた、器の大きい素晴らしいリーダーなのだ。

三十一年ぶりの帰国はファーストクラスで

李登輝が政権をとって四年の月日が流れ、少しずつ民主化が進んだ頃、我々の仲間が少しずつブラックリストから解除され始めた。

実はブラックリストにはヒエラルキーがあり、底辺から解除されていく。だから私は

「あんまり早く解除されると、たいして仕事をしていないみたいで恥ずかしい」などと言っていたが、どうやら私はB級で、上から二番目だったようだ。昔のボーイフレンドが駐ロンドンの大使を務めており（国交がないので大使とは言わないが）、彼を訪ねた共通の友人がブラックリストを見たそうで、「お前、B級だったぞ」と言われた。「B級？　早くA級にならなくちゃ」と思っているうちに、ついに私も解除されたという噂が流れてきた。そして半信半疑でパスポートを申請してみると、本当に発行された。

しかしパスポートに記されている国名は、台湾ではなく中華民国である。同時に周英明のブラックリストも解除されたが、彼はパスポートを取得したくないと頑《かたく》なに拒んだ。

「いくら台湾に帰れるといっても、中華民国のパスポートなんて絶対に嫌だ。僕は台湾のパスポートじゃないと取得しない！」

「戦場は台湾なのよ。だったらいつまでも日本で遠吠えしていても仕方がないじゃない。台湾に帰れるのだから、台湾で直接発信すべきよ」

「君の言うことのほうが正しい。それはわかっている。けれど、どうしても僕は中華民国のパスポートは嫌なんだ」

彼はとてもやさしくていい人なのだが、めちゃくちゃ頑固。議論は平行線をたどり、結局、彼はパスポートを取らず、日本で私の活動をバックアップすることになった。

私はさっそく台湾へ赴くことにした。そして、「独立運動をしたために、台湾で牢獄に入っている仲間が大勢いる。みんなで彼らに会いに行こう」と仲間に呼びかけた。その結果、年に一度行っている、台湾独立建国連盟の全世界の総会を台湾で行うことになった。台湾独立を願うメンバーが、国民党のお膝元である台湾に集うのである。これは、台湾の歴史を塗り替える歴史的な一歩だ。

最後に台湾へ帰ったのは、一九六一年、大学三年生のとき。例の極秘指令を受けたときだ。あれから三十一年、長いようであっという間の月日が流れた。もう二度と台湾には帰れないと覚悟していたので、私は台湾へ帰れる喜びを噛みしめながら帰国の準備を進めた。

私は、ファーストクラスで帰ることにした。今はビジネスクラスまでしかないが、当時はまだファーストクラスがあった。もし、長年日本で独立運動を続けている私が、みすぼらしい姿で帰国したら、台湾の人たちはどう思うだろうか？「やっぱり政治活動なんかに身を投じると、落ちぶれてしまうんだ」と思うに違いない。それでは、誰も独立運動をやりたいとは思わないだろう。台湾独立を懸けた闘いは、まだ道半ばなのだ。だから、私は決してお金持ちではないけれど、日本できちんと生活が成り立っていることをアピールしなければいけないと思った。

飛行機が台北へ向けて離陸し、どんどん台湾の地が近付いてくる。何せ三十一年ぶりなのだ。大袈裟《おおげさ》に言うと、飛行機を降りて台湾の大地を踏むとき、その場にひれ伏して大地にキスをしたいような思いである。私は胸が高鳴るのを感じながら、着陸のときを待った。

しかし、着陸した瞬間、私はウーンと唸《うな》ってしまった。なぜなら「チャンカイシェク空港に到着しました」とアナウンスされたからだ。「チャンカイシェク」とは、「蔣介石」のこと。やはりここはまだ、中華民国であって台湾ではない。そのことを思い知らされた私は、せっかく高まったテンションが、一気に下がってしまった。

「あーあ、大地にひれ伏すなんて、やめておこう」。そう思いながら飛行機を降りた。外は土砂降りの雨。

しかし、入国手続きを済ませて到着ロビーに着くと、ものすごい数の人がロビーに押し寄せていた。

「おかえり!」

「おめでとう!」

「あなたたちが帰ってきてくれてうれしい!」

その場にいる人々が、口々に労《ねぎら》いの言葉をかけてくれるではないか。私は出迎えてくれた人々にもみくちゃにされながら、信じられない思いでいた。「まさかこんなに、温かく迎えてくれるなんて……」

台湾で発言できないことを、代わりに日本で発信し続けていた私たちメンバーのことを、台湾にいる人々は応援してくれていたのだ。私は胸が熱くなり、「チャンカイシェク空港」のことはもうすっかり忘れてしまった。

五十六年目のファンファーレ

李登輝はその後、十二年間にわたって政権を握り、台湾の民主化・自由化を図った。私は、テレビや雑誌で彼の発言を目にする度に、「彼は間違いなく台湾人アイデンティティを備えている」と確信を深めていった。だから、彼を支持していると堂々と表明し、「なんで国民党の人間を応援するんだ！」とバッシングされようとも応援の姿勢を貫いた。

その間、私はなるべく彼に近づかないように心がけた。あちらからは何度も食事の誘いを受けたが、お断りをしていた。トップにいる人間に近づくと、私もポストを狙っていると思われかねない。私は純粋に台湾人として台湾の未来を考えるからこそ、独立運動を行

ってきた。それにもかかわらず、トップと親しくすることで、私利私欲のために行ってい
ると誤解されるのは許せない。

だから、ずっとお誘いに対して「NO」と言い続けていたのだが、半ば強制的に彼の元
へ連れていかれたことがある。

あるとき、台湾へ帰ると、宿泊しているホテルで彼の親友に遭遇した。

「金さん！」

「あら、奇遇ですわね」

「今晩、李登輝さんがあなたと食事をしたいと言っています。一緒に行きましょう」

「いえ、申し訳ありませんが、お断りします」

「今日はNOとは言わせません。ハイヤーを用意しています。さぁ行きましょう！」

その親友の彼は、ずっと私たちの活動を支援してくれている恩人だった。だから、さす
がに断りづらい。しかも、実は私をエスコートするためにわざわざ同じホテルに部屋を取
ったそうだ。このときは、まさに首に縄をつけて連れていかれるような状態だった。

これを境に、李登輝と何度かお会いした。

日本から数人の学者を連れて台湾へ行き、「新しい日台関係の幕開け」というシンポジ

ウムを催したとき、彼から会いたいと連絡が来た。私は渋ったが、私以外全員、彼に会いたいと言う。台湾の総統に会えるチャンスなんて滅多にないのだから当然だろう。仕方なく、全員で官邸に伺って対面した。

みんな、台湾の総統を前に、緊張した様子ながらも会話を楽しんでいた。そして私たちが開いたシンポジウムの話になったとき、私は「そろそろ、日華関係ではなく、日台関係と言ったらどうですか」と彼に言った。すると周りが一瞬たじろいだ。

実は、当時は「日台」ではなく「日華」という言葉を使うのが通常だった。日本も「日華」と言っていたし、台湾でも「日華」と表現していた。だから私はあえて、シンポジウムの名前に「日台」を使ったのだが、禁句とも言えるフレーズを現役の台湾総統に言ってのけたことに周りは驚いたようだ。

彼は一言、「時期早尚だ」と答えた。「じゃぁ、私が言えばいいんでしょ」と言うと「そうそう。あんたが言えばいい」と笑っていた。

官邸を後にして、タクシーに乗り込んだとき、同行した学者がこう言った。

「金さんは、どこに行っても、言いたいことを言うんだね」

要するに、相手が総統であっても、遠慮せずに、いつも言っていることを主張するんだねというのである。李登輝の奥様には、「夫とあなたは、よく似ている」とも言われた。私は彼のように偉くもなんともないが、台湾に対する考え方が似ていたのだろう。

李登輝が二〇〇〇年に引退した後、代わりに政権を握ったのは、民進党の陳水扁《ちんすいへん》だった。私は陳水扁政権時代に台湾総統府国策顧問を六年間務めた。大層な肩書きがついてしまったが、私の心は常にひとつ。台湾独立。ただそれだけだ。

その後、政権は再び中国人の馬英九《ばえいきゅう》に掌握されたが、二〇一六年五月、民進党が総統選で勝利を収め、蔡英文《さいえいぶん》が総統に就任した。この勝利は、私にとって五十六年目の勝利と言えるほど歴史的な勝利である。蔡英文のもとで、若い人たちが成長する。そうすれば中国も手出しできない。断言する。世の中が変わる。台湾だけでなく、世界全体が変わる。

私は、「台湾のジャンヌ・ダルク」と言われることがある。しかし、私はジャンヌ・ダルクのように革命を扇動したわけではないし、そもそも火あぶりになるのは嫌だ。私は、ただひたすら台湾の現状を世間に訴える地道な活動をしてきたに過ぎない。しかし、五十六年間だ。一九六〇年に台湾独立運動に足を突っ込んで以来、五十六年間、台湾独立を信じて運動を続けてきた。

思えば、長いようであっという間の五十六年間だった。けれども、どんなに辛いことがあっても、諦めずに活動を続けてきて本当によかった。私は今、達成感と幸福感で満たされている。私の耳元には勝利のファンファーレが鳴り響いている。

第二章

思いもかけず結婚し、想定外で母になり

生涯のパートナーとの出会い

浮気性だった私と、超真面目な彼

私は自分のことをとても浮気っぽい人間だと思っていた。月曜日はこの人とオペラ、火曜日はこの人とお芝居という具合にボーイフレンドがたくさんいた。それこそ、五年結婚をして五年別れて、また五年結婚をしてというようなことを三回くらい繰り返したら面白いかもしれないと、漠然と思っていたくらいだ。

でも、蓋を開けてみたら旦那と死ぬまで続いたのだから自分でも不思議に思う。まぁ、歳をとってモテなくなったせいもあるかもしれないが。

私の生涯のパートナーとなった男は、周英明。

出会いは一九六二年、日本に留学して三年目を迎えた頃。台湾人留学生のグループで理事を決める選挙があった。立候補したメンツは、明らかに独立派の人間と、国民党に推薦されている独立反対派の人間、そしてどちらともわからない人間に分かれている。私たち独立派は、「この人とこの人に投票しろ」というようなリストを渡されるのだが、その中に周英明の名があった。つまり、彼は独立派の仲間ということだ。

「こちら、東大工学部の周英明さん」

そうやって彼を紹介されて最初に思ったことは「えっ、この人は私たちの仲間？　理系の人なんて珍しいわね」だった。独立派といえば、私みたいにちょっとヤクザな文学系や、政治経済を学んだ人間ばかりだったので、理系は非常に珍しい。

異性としての好感度は、丸っきりゼロ。顔がいいわけでも何でもないし、おしゃれでもない。留学するときにお姉さんにお祝いでもらったスーツを一着しか持っていません……というようなイメージだ。

選挙結果は、立候補したうちの、見た目のよいのから票が集まった。一番のイケメンが最高得票だった。彼は台湾時代からの知り合いなのだが、飛行機で日本に来る際も、恋人がフライトアテンダントだからファーストクラスに乗せてもらって来日してしまうような男だ。私は「けしからん！」と思っていたのだが、やっぱり見た目は重要なのだとつくづく感じた。あんなに小さな学生の集まりでさえイケメンがトップになるのである。選挙の本質を見せつけられた思いだった。

周英明と次に会ったのは、東大に留学している台湾人グループの勉強会だった。実はそこは台湾独立に否定的な人間が仲間を勧誘する場なのだが、そんなことを知らない野次馬の私は「入ってもいい？」と。早稲田の私はお呼びでも何でもないのだけれど、「いいよ」ということでメンバーとなった。

ある日、勉強会のメンバーが、ある人物を討論会のゲストに呼ぼうと言い出した。それが周英明だった。かくして台湾独立反対派の東大生と、台湾独立派の周英明が、議論を行うことになった。

テーマは「日本は学問研究の場として相応《ふさわ》しいかどうか」

議論が始まった。両論交わることはない。私は黙って聞いていた。

周の相手は、決して自分が反日・中国寄りであることを明かさない。しかし暗に中国に惹《ひ》かれると主張。それに対して周は、「日本のほうが素晴らしい」と、巧みな日本語を駆使して反論していた。議論の根っこは、「社会主義vs.自由主義」なのだ。

議論が平行線をたどる中、私は外野から、周の相手にこう言った。「あなたは自由に学問できることを重要視すると言うけれど、あなたは日本にいる。中国に行っていないじゃない」と。中国が素晴らしいと思うなら、中国で勉強をすればいいのだ。

相手の主張の矛盾を突くこの一言で議論は終結した。周とはあまり話さなかったが、私に対して「おたく、なかなかやるな」と思ったかもしれない。私も、この議論を通して彼に一目置くようになった。なにせ日本語は完璧だし、理系の人間がこれだけ論争できるということが強く印象に残ったからだ。

しかし後で知ったことだが、実は周は終戦まで日本に住んでいたため、母語が日本語なのだ。どうりで日本語がうまいわけである。だから「たしかに日本語がうまいけれど、あんた、インチキでしょ。母語でしょ。一番できるのは私よ!」と張り合っていた。まだ決して、惚《ほ》れた腫《は》れたという間柄ではない。まぁ、彼は選挙で私に会ったときに「フレッシュな感じがした」と言っていたようだから、多少は好印象を抱いていたかもしれない。しかし周りから、「金美齢、あいつはスパイだよ」と言われたらしい。

二人で初めて会ったのは、それからしばらくしてのこと。学校で嫌なことがあった周は、「そうだ、金さんに話を聞いてもらおう」と思ったそうだ。家に来たいと言うので了承した。お昼どきになったので、ご飯を作って食べさせたのだが、その後も帰らず居座っている。ちょっともういい加減帰ってよと思っていた。ちなみに彼は、手土産に不二家のケーキを持ってきた。日本で初めて音楽会に行ったとき以来の不二家で、「もういいよ不二家は」という思いだ。

そして時間はどんどん過ぎ、夕飯どきに。「あなた、おなか空かないの?」と暗に帰宅をほのめかしても「空かない」と言う。まったく空気を読めない人なのだ。仕方がないから晩ご飯も作って食べさせた。結局、最初の訪問から、彼は昼・夜と二回も食事をしていき、その間ずっと話をしていた。

ご飯を作ってあげたのは、決して彼の胃袋をつかもうとしたわけではない。外食しようにも、彼はお金がないし、経験もないし、おいしいお店も知らない。その後、二人で外で会ったときも、店頭の食品サンプルを一生懸命眺めているだけで、入る店がなかなか決まらないような人なのだ。もういいやと思った私が、「家に帰ろう。私が何か作るわね」と、やれやれムードで料理をしたこともたびたびだった。

彼は、もし結婚をするなら、自分の話を一〇〇%理解してくれる人がいいと思っていたらしい。お姉さんから「そんな人いるわけないでしょう。それじゃあ一生結婚できないよ」と言われていたそうだ。しかし実は、私の家で一日過ごした後に、「ここにいるじゃないか!」と思ったそうだ。

人生の一番大切な部分が重なった

周からプロポーズされたのは、その数日後だった。電話で「結婚を前提にお付き合いをしてください」と言われたのだ。「ふつう、電話でこんな話をする？」と思いながらも、なぜか私は承諾した。なんと答えたかは、はっきり覚えていないけれど、ネガティブではない。はいと答えたのかもしれない。「この人となら、結婚後も自分の人生を変える必要がない」と感じたからだ。

当時の私には、将来を嘱望された外交官や大金持ち、エキゾティックな顔立ちの美男子など、実は多くの選択肢があった。しかし私は、大学院生の周英明を選んだ。

私は生意気なので、知的な人しか受け付けない。相手がバカだったら絶対一緒になんかなれない。ちゃんとした本業があって、きちんと人生を歩んでいて、それでいて知的じゃないといけない。勉強ができても知的じゃないのはいっぱいいるが、そういうのはご免だ。そして、やはり思想が同じであるということ。根本の価値観がまったく一緒だということ。台湾に関して同じ価値観でいることは決して譲れない一線だ。

その点、周となら、台湾独立運動はもちろん、自分のキャリアや、やりたいことを一〇〇％曲げる必要がないと思った。ガマンする必要がない。やりたい通りのことができるということが、瞬間的にわかったのだ。

私がよく言うのは、結婚というのは、二人の「円」がどこで重なるかということだ。人間というのが一つの円だとすると、それぞれの円がどこで重なるのか、それが重要だ。

人間はそれぞれ異なるので、一〇〇%重なる円はなかなかない。しかしだからこそ「どこで重なるか」が大切だ。重なる部分が大きいのはよいカップルなのだろうが、たとえ重なる部分が小さくても、重なる部分が一番大切な部分であれば、きっと幸せになれる。

一番大切な部分というのは、一人ひとり異なる。お金、顔立ち、家柄など。それは価値観の問題なので、周りがとやかく言う必要はない。その意味で、私と周は、円の大事なところが重なった。本当は、背が高くてイケメンで、お金があればもっとよかったけれども、仕方がない。最も大切な部分が私たちは一致したのだから。

「やりたいことができる」と直感したと申し上げたが、実際、その通りにことは運んだ。

私はボーイフレンドとの関係を断たなかった。

もちろん、いわゆる「男女の仲」などではなく、一緒に美術、芸術、音楽などを楽しむパートナーとしての付き合いだ。

周が家に遊びに来ても、いつもボーイフレンドがたくさんいた。ご飯を食べるのも一緒。ふつうはありえない状況だろう。しかし、周はガールフレンドがいたことがないから、何が正常で、何が正常ではないかということがわかっていない様子。「これは当たり前のことよ」という刷り込み作戦である。そして、彼はやきもちを焼くでもなく、それを当たり前のこととして受け入れた。

好き放題する私に、彼はこう言ってくれた。「君の友達はみんなジェントルマンだね。それは君がレディだからだよ」と。彼はある意味非常にフェアな人間で、「男が勉強をしたいと思うなら、女もそう思って当然」という考えの持ち主だ。夕方近くになって、私が夕飯の支度をせずに本を読んでいても、「偉いね。ふつうの女性ならこうはいかない」と褒める。私が知識を吸収し、成長することをうれしいと思い評価してくれる、そういう人間なのだ。

私自身は、何が何でも誰かと結婚したいと思っていたわけではない。するかしないかは、フィフティ・フィフティだと思っていた。結婚したら結婚した幸せがあるけれど、結婚しないなら結婚しない、自由という幸せがあるからだ。私は、たまたま電光石火のごとく結婚することになっただけ。だから周りからは意外なカップルとして、「一年ともたない」と言われていた。私は悔しいから、「せめて三年はもたせよう」などと思っていたけれど、結局彼が亡くなるまで、添い遂げることになった。

結婚式に台湾の家族が来ることは叶わなかった。私も周もブラックリストに載っているため、台湾にいる家族は行動を制限されており、軟禁状態にあるからだ。だから盛大な結婚式は挙げていない。知り合いの中華料理屋を借りて、内輪でパーティを行った。ちなみに私はこのとき、お色直しに、台湾から持参したチャイナドレスを着た。アメリカ映画のような学生生活に憧れて持って来たまま、ほとんど着ることもなかったチャイナドレスだった。

ウエディングドレス姿の写真を東京ヒルトンホテルの写真館で撮り、ハネムーン代わりにしばらく滞在した。当時のハネムーンといえば、地方へ旅行に行って、よい旅館に泊まるのが一般的だったが、私は決まり切ったことが好きではない。みんな、それを当たり前のようにやっていたけれど、私は都会が大好きだから、ヒルトンホテルに泊まりながら、夜な夜な街に繰り出すという過ごし方を選んだ。映画を観たり、お芝居を観たり、食事をしたり。シティギャル的なハネムーンである。しかも、友達も一緒に、だ。だから、全然ハネムーンらしくないのだけれど、私が「こうしましょう」と周に提案したら、彼は「わかった」と、すんなり受け入れてくれた。本当に、よい旦那を選んだと思う。

「ウソをつかない」なんていう約束はしない

結婚したとき、私は三十歳目前で歳をくっていたが、実は二人ともまだ学生だった。彼は東大の大学院博士課程に進学する前で、私は早稲田大学大学院の二年生に進級する直前だった。新居は新宿区東大久保にある1DKで、私たちは翻訳や通訳、家庭教師などのアルバイトを掛け持ちして、なんとか生活費を稼いでいた。だからかなり忙しかった。

そこで、共同生活を送るにあたって約束事を決めた。「料理は私。お茶碗を洗うのはあなた。洗濯をするのは私、干すのはあなた。掃除は週に二回、二人で」と。こうして家事の分担をきちんと決めたわけだけれども、結局いろいろなシワ寄せは女性である私に来ることが多かった。でも、それは仕方がないとも思う。彼は料理が苦手だし、できないことがいっぱいあるから、結局私がやらざるをえないのだ。だけどその代わり、できることは一生懸命やってくれた。

たとえば、我が家にはお客さんがよくいらしたので、私が料理をふるまうことが多かったのだが、彼はお茶を入れる係を進んでやってくれた。彼と私では長所と短所がまったく違うし、できること、できないこともはっきりしていたから、ある意味役割分担が明確だった。長短相補うという意味では、本当によかったと思う。

私の娘が結婚をしたときも、夫婦で家事を分担したそうだ。私たち夫婦にならって、「洗濯は私、干すのはあなた」と娘が提案すると、婿殿はしばらく考えた後、「洗濯は洗濯機がやるんじゃないの?」と言ったらしい。そんなことを言われちゃったと娘が報告してきたから、笑ってしまった。今の若者は利口だねって。周のことはうまく言いくるめられたけど、婿殿はダメだった。でも婿殿も、お茶碗はちゃんと洗ってくれるらしい。

私たち夫婦の約束事の話をすると、「ウソをつかないとか、そういう決まりはなかったんですか?」と聞かれることがある。しかし、そんなものは一切ない。はっきり言って、そういうことを決めるのはレベルが低いと思う。家事の分担は現実的な話だけれど、「ウソをつかない」というようなものは、心の在り方の問題だ。

私は、相手の思想と自分の思想が一致したから結婚をした。そこが一番重要な部分だからだ。ウソをつかないということくらいわかっていないと結婚するわけがない。それなのに、そんなことを結婚後に約束しなくちゃいけないというのは、相手のことを何もわかっていない証拠だ。それくらいのことは、結婚前に見抜かなくてはいけない。きちんと会話を重ねて、相手をじっくり観察すればわかるはずだ。

私たちは、とても会話が多いカップルだった。当然ケンカもしたが、それは物事に対する解釈が異なるときだ。一緒に映画を観て、解釈が違うと大変なことになる。お互いああだこうだ言い合って、議論が尽きない。だけど、それがまた楽しい。いつまでも話をしていられる。そして会話を重ねることで、お互いへの理解が深まり、さらにリスペクトできるのだ。夫婦とは、そういうものではないだろうか。

目指したのは「スーパーウーマン」

産むかどうか、散々悩んだ末の決意

結婚して半年ほど経《た》った頃、体調の異変に気が付いた。これから修士論文を書かなくてはいけない大事な時期に、私は妊娠してしまったのだ。周も私も忙しい時期だったので、当分子どもは作らないと約束していたにもかかわらず。まさに想定外の出来事だった。

正直、子どもを産むかどうかは、ものすごく迷った。私は早稲田大学大学院を卒業後、ゆくゆくはアメリカへ留学したいと思っていたし、やりたいことがたくさんある。けれども子どもを持ったら、自由はきかなくなるだろう。そもそもこんなにわがままな私が、子どもに自分の行動を束縛されて耐えられるだろうか？

そのうえ、私たちはブラックリストに載っている人間だ。いつ日本政府に見放され、台湾へ強制送還されるかもわからない。そんな夫婦が子どもを無事に育て上げられるだろうか……。さまざまな思いがよぎった。

しかし、周はずるいのだ。どうしたらいいか相談すると、「君に任せる」と言う。これはずるい。本当にずるい。夫婦二人の問題にもかかわらず、私だけに決めさせるなんて。でも、本当はわかっていた。彼は「産んでほしい」と思っていると。彼は子どもが大好きで、『一ダースなら安くなる』という、子どもが十二人いる家族が登場するアメリカのコメディ映画のタイトルを、よく口にしていた。

散々悩んだ結果、私は非常に大それた結論を出した。「スーパーウーマンになる！」と決めたのだ。

そもそも、女性が、授かった命を生み落とし、子どもを育てて、母親として家庭を守るというのはとても大切な仕事だ。それは、外で働いている男性と同じくらい、社会にとって必要な一人前の仕事である。仕事に出かけるお父さんと、家で子どもを育てる専業主婦は、どちらも大切な役割を担う対等な存在なのだ。

であれば、私はその両方をやってみせようじゃないかと思った。子育てと仕事、二人前の仕事をこなして「スーパーウーマン」になろうと決意したのだ。

本当はこうでも思わないと、自分の思い描いていた道を曲げて、子どもを産む決心がつかなかった。「スーパーウーマンになって、二人前の仕事をすればいいんだ」と、私は私を説得していた。そして、長女を出産。さらに、翌年には長男を出産した。

教授に二人目の妊娠を報告したときは、面と向かって「お前、バカか」と言われた。今ならマタハラだと騒がれるだろうが、当時はそんなことはなかったので、一人ならまだわかるが、すぐにもう一人産むなんて、何を考えているんだと言われた。報告に同行した周は、「金くんに学業を諦めさせるような事態になったら、僕は絶対に君を許さない」と言われていた。

たしかに、私は出産によって人生のチャンスを見送っていた。実は、一人目を妊娠したとき、ちょうど助手のポストが一つ空いたのだ。助手になれば間違いなく専任の職につながった。しかし私は出産を控えていたので、受けられなかった。

さて、「スーパーウーマンになる」と決意して臨んだ子育てだったが、結論から言うと、ダメダメだった。学業もガタガタ、子育ても手抜きだらけという始末。周の顔を見れば、「なんであなたは学業に専念できているのに、私ばっかりガマンして、育児をしなければならないの！」とヒステリーを起こしていたし、私は覚えていないのだが、いつまでも泣きやまない赤子を前に、「おしめも替えたし、おっぱいもあげた。それなのに、あなたは一体何が不満なの！」と、仁王立ちになって説教していたこともあったそうだ。

そんな私は、子どもと離れて学校へ通う時間が楽しみでならなかった。子どもの泣き声に振り回されることなく、自分のペースで過ごすことができるのは、最高のひとときだった。

妊娠や出産を経験された方は、ある種の疎外感を感じたことがあると思う。ただただ子どもの母親であることを求められ、世間の一員として見なされていないような感覚。私自身も同様の経験をした。

たとえば、妊娠中に大きなお腹を抱えて、学校への坂道を上っているときは、チラシを配ってもらうことがなかった。他の学生はみんな配られているのに、お腹が大きな私は、学生として認識されていないのだ。しかし出産後、お腹がぺちゃんこになったら、私もちゃんとチラシを配ってもらえた。あのときの気持ちを、なんと表現すればいいだろう。再び、社会の一員として受け入れられたような安心感、満足感、解放感……。

私は出産したことで、いろいろな気持ちを味わうことができた。今になって思えば、それは非常に貴重な経験だ。妊娠・出産は女性にのみ許された特権であり、しかも、産める期間には限りがある。出産適齢期は、仕事が波に乗って来て、キャリアアップする時期と重なるため、「まずは仕事」と、子作りを後回しにする人もいるだろう。その気持ちはよくわかる。しかし、出産できる健康な体があるのなら、産んだほうが絶対にいい。仕事は、後からでも挽回《ばんかい》できる。むしろ、出産を経験したことで、仕事の幅が広がることもある。日本の少子化をくいとめるためには、私のように決して子ども好きではなかった人間が、家族の素晴らしさを訴えていくことが大切だと思っている。

子どもは何としてもたくましく育てたかった

私は子どもを、たくましく育てたいと思っていた。私たち夫婦は旧植民地出身の外国人であり、パスポートすら持っていない宙ぶらりんな人間だ。そんな夫婦のもとに生まれた子どもたちは、区役所に出生届が出ているだけで、当然、国籍がない。つまり、ふつうの日本人よりも働く意欲と能力と気力がなければ生きていけない立場なのだ。だから決して甘やかさないと決めた。

闘いは、長女を産院から連れ帰った初日に始まった。抱いていた長女をそっとベビーベッドへ寝かせると、「ワァ!」と泣き叫んだ。私があわてて抱きかかえると、すぐに泣きやむのだが「こんなことを、いつまでもやっているわけにはいかない」と思った。母親が二十四時間、抱き続けるわけにはいかないし、この赤ん坊はもはや胎児ではない。私のお腹の中に包まれていた時代は終わり、これからはベッドの上で寝られるようにならなければいけないのだ。それが、人間としての成長だろう。

だから私は、娘がどんなに泣き叫んでも安易に抱かないように努めた。「ママ、抱っこして!」と、声が張り裂けんばかりに泣き続ける我が子を無視するのは、非常に心苦しいことだった。涙だって出てくる。けれども、娘が成長するためには必要なことだと言い聞かせてぐっとこらえ、周にも協力を仰いだ。あらかじめ釘を刺しておかないと、彼はやさしい人だから事あるごとに抱っこしかねない。子育ては、夫婦で統一戦線を張らないと成功しえないのだ。

子どもたちが歩けるようになると、泣こうが何をしようが、歩けと言って歩かせたし、電車の中でも立たせるようにした。そして、娘が小学校二年生、息子が一年生のとき、私はこう宣言をした。

「さぁ、明日からは自分で目覚まし時計をかけて起きなさい。ランドセルの中身も自分で準備するのよ。朝ご飯もちゃんと食べてね。お姉ちゃん、できれば弟の分の牛乳とトーストも用意してあげてね」

突然こんなことを母親から言われたら、「えー！」という悲鳴が出そうなものだが、娘は口答えするでもなく、すんなりと受け入れた。元々、娘は父親に似て性格が素直だし、実はこの宣言をする少し前から、「自分で顔を洗えてえらいね」「お着替えも一人でできるわよね？」と、ほめたり叱ったりしながら、自分で自分のことをする練習をさせていた。

さて、その翌日。

母親も父親もベッドから出てこない中、娘は昨日教わった通り、パンを焼き、冷蔵庫から牛乳を出し、朝食の準備を進めていた。しかし、弟は起きてくる気配がない。しばらくすると、娘が「何度起こしても、起きてくれない」と言ってきたので、私は、「わかった。もういいから、放っておきなさい」と答えた。案の定、息子は寝坊をして学校に遅刻した。しかし、これに懲りたのか、次の日からは姉に声をかけてもらうと起きられるようになった。

子どもたちが自分で勝手に学校へ行ってくれるというのは、親にとってはこのうえなくありがたいことだ。私たち夫婦は、深夜まで仕事をしていることが多かったので、早起きするのが辛かった。だから、子どものペースに合わせて、朝起きる必要がなくなったのは、本当に助かった。

子どもたちは、当然忘れ物をしたこともある。でも、私は学校へ届けに行ったことはない。上履きを忘れようが、傘を持って行かずに雨に降られようが、一度も届けに行かなかった。

忘れ物をして困るのは自分だ。「しまった！」という失敗があるからこそ、次は気を付けようと思ったり、友達に頭を下げて借りることを学んだり、忘れ物をしている友達がいたら貸してあげようという思いやりの心が育ったりする。親は、子どもが失敗をしないように、ついつい手を差し伸べたくなる。けれども、子どもは小さな失敗を繰り返すことで成長するのだ。忘れ物や遅刻をしたくらいで死ぬわけではない。大きな気持ちで子どもを見守ることも大切だと思う。

「台湾人」であることを負い目にさせてはいけない

息子が小学校に入学したとき、ちょっとした「いじめ」が起きた。息子は思いつめた顔で、私に学校での出来事を話し始めた。

「ねぇ、ママ。みんなが僕のことを、台湾人って言うんだよ」

私はいつか、こんな日が来るのではないかと思っていた。しかし私は、大したことではないと言わんばかりに、努めて平静に応じた。

「いいじゃない、本当に台湾人なんだから」

「でも、『やい、台湾人！』って、悪口を言うんだよ」

「だったら、『なんだよ、日本人』って言ってやればいいじゃないの」

「だけど、台湾人は僕一人なんだよ。僕以外はみんな、日本人だもん……」

「台湾人があんた一人ってことは、それだけ珍しくて価値があるってことなのよ。世の中には希少価値というものがあってね……」

決して、「そんなことを言われて、かわいそうに」と、ぎゅっと抱きしめるようなことはしない。そんなことをしたら、台湾人であることは悲しいことなのだと、息子は感じてしまうだろう。

「台湾人」という言葉は自体は、プラスもマイナスも伴わない、ごくふつうの固有名詞だ。しかし、受け手の心持ち次第では、胸を突き刺す凶器になりうる。息子が、台湾人であることに負い目を感じて生きるような事態は、絶対に阻止しなくてはならない。私はダイヤモンドなどの例を出しながら、希少価値について、息子にわかるように説明をした。

娘にも同様の出来事があったが、結局いじめはなくなった。「台湾人」と言っても、当人が「そうだよ」と動じないので、むこうもいじめがいがなかったのだろう。

子どもは、自分と異質なものを見つけると、無邪気にからかってしまうことがある。髪が少し茶色いとか、父親がいないとか、貧乏だとか。けれども、そうしたからかいに対して、ふさぎこむことはない。堂々と、「だから何?」と言ってやればいいのである。そのためには、お母さん自身が、何かしらの要因に対して引け目を感じないことが大切だ。親の気持ちは子どもに伝わる。子どもを大切に思って一生懸命育てているお母さんは素晴らしいのだから、自信を持って愛情を深めていってほしい。そうすれば、自《おの》ずと子どもに自尊心が芽生え、自分を下手に卑下することはなくなるだろう。

自分を慈しみ、愛することは、幸せになるための基本である。自分のことを嫌いな人間は、他人も愛せないし、他人からも愛されない。子どものうちに、自尊心を育むことは、将来その子が幸せになるために欠かせないことなのだ。

私たちが子どもに中国語を教えなかった理由

日本で暮らす外国人の多くは、日本語に加えて、自分たちの母語を教えようとする。在日台湾人なら、中国語と日本語。アメリカ人なら、英語と日本語という具合だ。また、最近の日本は、子どもが小さいうちから英語を学ばせるケースが多い。何本も包丁を持っているほうが、役に立つと考えているのだろう。

しかし、私はそうは思わない。切れない包丁を何本持っていても意味がない。包丁は、切れ味の鋭いものが一本あれば十分だ。

私たち夫婦は台湾人だが、子どもたちには常に日本語で接した。ずっと日本で暮らしていくことになる子どもたちに必要なのは、中国語ではなくて日本語だ。であれば、まずは日本語を完璧にマスターすることが先決である。

どんなに素晴らしいことが書かれた本を子どもに与えても、書かれている言葉を理解できなければ、まったく意味がない。言葉をどれほど理解しているかによって、学べる範囲や限度が変わってくる。また、言葉というツールで自分の考えを整理しないと、思考は深まらない。つまり、言葉の理解度は思考の深さと比例するのだ。

言葉は、それほど簡単なものではない。人の能力には限界があるのだから、早くから教えたからといって簡単に身に付くものでもない。むしろ、あれこれ手を出すことによって、どれも中途半端になり、思考するための基盤を持たないまま成長するのは恐ろしいことだ。

だから私は、幼少時から英語を教える日本の教育に反対だ。バイリンガルを育てることが国際化だと思っているのかもしれないが、思考の浅い、日本人としてのアイデンティティも備わっていない人間を大量生産することになりはしないだろうか。そんな人間は国際社会で軽んじられ、誰からも相手にされない。

結局、我が娘と息子が大人になってからどうなったかというと、娘は英語はイマイチだが、それまで外国人を一度も採用したことがなかった民放テレビのキー局に、外国人第一号として入社した。息子は、商社に入って世界中を飛び回っている。

言葉は思考するためのツールに過ぎない。ツールをたくさん手に入れることに躍起になるのではなく、手にしたツールをしっかり使いこなせるように努めることが大切だろう。

大人は子どもより偉い

妊娠中、私は夢見ていた。「周と私のいいところがすべて統合されたら、天才が生まれるかもしれない」と。しかし、欠点が伝わるのが遺伝子というものである。生まれた子どもたちは、見事にお互いの悪いところを引き継いでいた。息子は私に似てわがままだし、娘は周に似て善良なのはいいが、いたって平凡。勉強系の能力は二人とも今一つだ。しかし、幸い二人とも素直に育ち、周囲の大人にかわいがられた。少々悪さをしても、先生からは「憎めないね」と言っていただくことが多かった。それはおそらく、日頃から大人に敬意を払えていたからだと思う。

私は子どもたちが幼い頃から、「大人は子どもより偉い」と教えていた。大人は子どもを保護する立場であり、子どもは保護される立場にある。つまり、そこには明確な上下関係が存在しているのだ。そのことを叩きこんでおけば、子どもは自然と大人に対して敬意を払えるようになる。

時々、「私たちは友達のような関係です」と言う親子がいる。平等な関係だと言いたいのだろう。しかし、人間が平等であることと、親子が同じ立場に立つというのは、まったくの別問題である。大人は子どもをしつけ、保護し、教育する立場にある。保護する立場とは、大きな責任を背負いながら、自分の判断で子どもを守っていくということだ。

だから「子どもの目線に下りて考えよう」というような考え方に私はＮＯと言いたい。

もちろん、子どもが欲することを理解して、できるだけ叶えてあげようとする必要はある。しかし、同じ目線に下りて、子どもと同じ判断基準で物事をジャッジしていたら、子どもは決して成長しないいし、誤った道をたどる恐れもある。

息子が高校生の頃、バイクをほしがったことがある。しかし、私は買い与えるつもりはなかった。もし私がバイクを買ったことで息子の身に万一のことがあったら、私は悔やんでも悔やみきれない。

「あなたみたいな年頃の子にバイクを買い与えるということは、もし事故を起こして死んでも仕方がないと、覚悟するということなのよ。ママは絶対にバイクなんて許さないわよ」

「バイクに乗ったからって、死ぬとは限らないだろう」

「死なないとも限らないでしょう」

こうしたやりとりを繰り返しているうちに、息子はバイクのことを口にしなくなった。

そんなあるとき、息子の友達が、なんとバイクで事故を起こして亡くなってしまった。ご両親は亡骸《なきがら》にすがって、「安全運転をすると言うから、買ってやったんだろう!」と泣き叫んでいたそうだ。葬儀から帰宅した息子は、「母さんが、バイクに反対した理由がわかったよ」とつぶやいた。事故はその後もあって、結局彼は、友達を二人、バイク事故で亡くした。

大人は子どもより偉い。それは、大人のほうが判断力、経済力、洞察力など、生きていくための力が優れているからである。子どもの判断に任せていたら、楽なほう、面白いほうへ流されていくのは当然だ。親は、「子どもの判断力は未熟である」ということを決して忘れてはならない。

手抜きだらけ、だけど真剣に向き合った

私の子育ては、本当に手抜きだらけだった。すでにお話ししたように、子どもたちが学校に行く時間、私はまだ寝ていたし、お弁当を作ったことも、宿題を見たこともない。そのため、失敗したと思うこともある。

たとえば、息子が折り紙をしているとき、私は放っておいた。絵を見ながらなんとか自

分で折ることはできていたが、仕上がりが雑。丁寧に行うことを教えなかったので、その雑さというのは今も続いている。

けれども、私は決して子どもたちを野放しにしていたわけではない。門限を設けたり、家事を手伝わせたり、基本的なことは徹底して行った。そして、子どもたちが何かを相談してきたときには真剣に向き合った。

これは、息子が中学一年生になったときのことだ。

「ねぇ、一年早く生まれただけで、そんなに偉いの？　尊敬できない相手にも挨拶しないといけないの？」

学校から帰宅するなり、突然こんなことを言ってきた。中学校で二、三年生が先輩風を吹かす様子を疑問に思ったらしい。「挨拶しろ」と言われても、しなかったようだ。このままでは、生意気な奴だと目を付けられて、いじめられるかもしれない。私は言葉に窮した。しかし、私自身も彼の疑念には同意できるし、彼が抱いた問題意識を大切にしたいと思った。だから、こう答えた。

「別にいいんじゃないの。尊敬できない相手に挨拶なんてする必要ないわよ」

息子は、「やっぱり、そうだよね！」と言わんばかりに目を輝かせていたが、私は内心、不安だった。さらに目を付けられるようなことに、ならなければいいけれど……。

しかし、案の定事態は悪化。「なんでお前だけ挨拶しないんだよ！」という先輩の問い詰めに対して、息子は「親がしなくてもいいって言ったから」と応戦し、「次、挨拶をしなかったら、ただじゃおかないぞ」と最後通牒《つうちょう》を突きつけられてしまった。

「ママ、どうしよう？」と再び聞いてくる息子に、私は次のようなことを言って聞かせた。

もし君が、尊敬できない相手に、どうしても挨拶をしたくないというのなら、しなくて構わない。挨拶は、相手への親愛や尊敬の念があるからこそ、自然と笑顔と声が出てするものだ。挨拶をしないことで、もし殴られそうになったら走って逃げなさい。逃げることは卑怯ではない。暴力で言いなりにしようとすることのほうが卑怯だ。もし逃げても捕まってしまったらガマンすること。君は幸い丈夫に育っているから、一、二発殴られても大丈夫。でも、相手の言いなりになってはダメ。土下座や謝罪を強要されてもしてはいけない。

ママはそれが一番、恥ずかしい。その代わり、もしも相手が君を殴ったら、ママとパパは黙ってはいない。警察や裁判所に訴えてでも追及する。パパとママは、理不尽なことを決して許さない。そういう生き方を、ずっとしてきたのだから……。

息子は納得したようだった。しかし、夫と相談した結果、「あの子がみすみす殴られるのを待っているのも、おかしなことではないか」ということになり、相手の両親に連絡をすることになった。夫が電話をし、事の次第を伝え、もし息子が殴られるようなことがあったら法的処置に出ると告げると、これが効果てきめん。息子への攻撃はピタッと止まった。相手の親は、ヤクザだという噂があったので、警察沙汰になるのを恐れたのかもしれない。そんな相手に連絡をすることは勇気がいったが、夫は、どんなに怖くても決して逃げない人だ。

こうして、息子へのいじめは、事が大きくなる前に食い止めることができた。いじめは、傷害事件である。「子どものケンカに親が出るものではない」というのではなく、ここぞというときには親が出て行き、子どもをしっかり守る必要がある。

私は手取り足取り教えるような子育てはしていないが、その分、子どもたちはたくましく育った。それに、手抜きの子育ては、子どもたちにとってもよかったと思う。私は非常に口うるさい人間なので、付きっきりで子育てをしていたら、子どもたちはおかしくなっていただろう。子育ての最終目標は、子どもが自分の翼で飛び立てるようにすることだ。ほどよい距離感で子どもを見守りながら、いざというときには親が力を貸す。それが大切だと思う。

それでもやっぱり家族は素晴らしい

子どもたちを夫に託しケンブリッジ留学

娘が小学校四年生、息子が小学校三年生のとき、私はケンブリッジ大学へ留学した。

すでに述べたが、「小学生の子どもを置いて留学?」と驚かれるが、これでも私はガマンしたほうなのだ。私はアメリカに留学したいとずっと思っていた。早稲田大学で英米文学を学んだのも、アメリカ留学のステップとするためだ。不良な中高生時代がウソのように、すっかり勉強の面白さに魅せられた私は、アメリカでもう一度大学院からやり直したいと思っていた。

周と結婚した後、私は勝手にある展望を抱いていた。周が東大で学んでいたのはエレクトロニクスだったので、博士号を取ってアメリカの企業に勤めれば、給料がたくさんもらえる。そうすれば、私は完全に彼に食べさせてもらいながら、アメリカの大学院で勉強に専念できるという目論《もくろ》みだった。

彼が博士号を取ったときに、その計画を打ち明けた。

「アメリカに行こうよ」

嬉々として話す私に、彼はこう言った。

「僕はアメリカには行きたくない」

……え？　てっきり「YES」が聞けると思っていた私は、あ然とした。さらに彼は、「アメリカの資本主義に奉仕するつもりはない。僕は日本で教職に就きたい」と、偉そうなことを言うではないか。

台湾人にとってアメリカは憧れの地である。まさかアメリカに行くことを嫌がる台湾人がいるとは思っていなかった。私だって、失礼ながら日本への留学はセカンドチョイスだった。しかし周にとっては、ファーストチョイスだったのだ。彼は日本生まれで、母語も日本語であり、日本が大好き。ジャパン・イズ・ナンバーワンなのだ。

これは、私にとってかなりショッキングな出来事だった。出会ったときからずっと、彼は私の決断を尊重してくれたので、私の思い通りに事が運ばなかったことはない。しかし今回ばかりは、はっきり「NO」と言われてしまった。私がずっと憧れていた、アメリカでの学生生活は泡と消えるのか……。

もしここで、私が「アメリカに行かないのなら離婚する」と言ったら、彼は泣く泣くついてくるだろう。しかし、それはフェアじゃない。彼は嫌だと言っているのに、彼の学位を利用して自分の希望を通そうとするなんて卑怯だ。そんなごり押しをして、お互い幸せになれるはずがない。そう考えた私は、アメリカ行きを諦めた。

しばらくして、すっかり意気消沈した私を見かねた彼が、ある提案をした。「どうしても留学したかったら、子どもがもう少し大きくなったときに行けばいいじゃない。僕は日本に残って子どもを見ているから、一人でしばらく行ってくればいいよ」と。

こうして実現したのが、子どもが小学生のときに決行した、ケンブリッジへの留学なのだ。ちなみにアメリカは、治安が悪すぎるからやめた。一度訪れたときに、私にとってアメリカは住むところではないと感じたので、イギリス留学へとスパッと切り替えたのだ。

こうして、「はい！　行ってきまーす」という感じで、足取り軽やかに私はイギリスへ旅立った。子どもたちも、「行ってらっしゃい！」と、さっぱりしたものである。口うるさい母親がいなくなって、ようやく羽を伸ばせると思っていたに違いない。

ケンブリッジでの生活は、想像以上に素晴らしかった。勉強も、日本にいるときよりもストンと入ってくる気がした。やはり文学というものは、それが生まれた場所で学ばないと理解できないニュアンスがあるとも感じた。

ドクターを取れたら最高だなと思いながら、最初は客員研究員として日々を楽しんでいたが、様子を探ってみると、ドクターを取るのはかなり厳しい道のりのようだった。東大出身で大学の教授をしていた人でさえ、ドクターを取るのに八年かかったらしい。しかも、知り合いのイギリス人が言うには、「忍耐強くて、諦めようとしないから仕方なくあげた」そうだ。この話を聞いたとき、私は「いち抜けた！」と思った。私は方針を変え、欧米の文化を身をもって体験し、吸収することに重きを置くことにした。つまり、遊びまくるということだ。そして、一年間ケンブリッジを拠点にして遊び回り、その後の半年間は、ヨーロッパ中を遊び歩いた。

この一年半は、本当に幸せな時間だった。旦那と子どもを置いて、パスポートもないのに、こんなに悠々と。よくぞ、こんなわがままが通ったものだ。しかも「お金がないからちょっと送金して。五〇〇ポンドお願い」と日本に連絡すれば、八〇〇ポンド送られてくるのだ。こんなに幸せな生活はないだろう。本当に人生最高の時間だったかもしれない。

周囲からは、当然批判もされた。ケンブリッジで知り合った関西の大学教授の男性に、「子どもを置いて留学するなんて、僕なら絶対許さない」と、面と向かって言われたこともある。けれども、それを認めてくれるのが周英明という男なのだ。私は彼を心から尊敬していたし、彼も私をリスペクトしてくれていた。私たちは、それくらい固い信頼と絆で結ばれていた。

「ほどよい距離感」の三世帯同居

子どもたちが結婚し、孫が生まれた数年後、娘が訪ねてきてこう切り出した。

「子どもたちって小さい頃は、保育園や周りとの付き合い方で、いろいろ学んでいくでしょう。でも、大きくなるにつれて、肝心なときに叱ってくれたり、的確なアドバイスをくれたりする大人が必要だと思うの。だから私は、ママたちに娘たちのそばにいてほしい！」

娘夫婦はともにテレビ局に勤めており、三歳と一歳の子どもを保育園に預けて働いていた。しかし、不規則な仕事のため、保育園のお迎えに間に合わず、帰宅するまでベビーシッターさんにお世話になる生活だった。一生懸命働きながら子育てに奮闘している様子を見ていたので、助けてやりたいとは思っていた。だから、同居したいと言うなら、しても構わない。
「だったら、ここに越していらっしゃいよ」と私は言った。しかし娘は生意気にも、「ママたちが住んでいるここのマンションは、交通量も多くて子どもを育てる環境じゃないわ。それに私は一戸建てで、地に足につけた生活をしたい」と言う。娘の希望を受け入れるとなると、土地探しや家の新築、引っ越しなど、大変な労力を要す。

結局、何度か話し合った結果、新たに土地を買って家を建てることになった。子育ての苦労は身をもって知っているし、小さい子どもたちを祖父母が見守ることで、娘が安心して働けるなら、それでいいと思ったからだ。

こうして、娘夫婦との同居プロジェクトが始動した。始動するにあたって、息子夫婦にも声をかけた。娘夫婦と同居することを告げずに、勝手に話を進めるのはフェアではない。
「お姉ちゃんから同居に関して強い希望が出ているから、土地を買って移り住むことになると思う。あなたたちがこのプロジェクトに参加するもよし。しないもよし。夫婦でよく話し合って決めなさい」

お嫁さんを説得したらしい息子は、後日参加を表明してきた。そして、すったもんだの末に、代々木の物件を、私たち夫婦、娘夫婦、息子夫婦の六人が共同出資をして手に入れることができた。

一階は私たち夫婦、二階は娘一家、三階は息子一家が住むことになった。それぞれのフロアは外階段で昇り降りをする造りになっており、中からはまったく行き来ができない完全に独立した三世帯だ。電話も内線電話はないので、外線を使わないと通じない。完全に独立することで、互いに「ほどよい距離感」を保てるようにした。

そもそも、娘が精神的支柱を求めた結果実現した三世帯同居だったが、いざ暮らし始めてみると、娘以上に同居を楽しんでいる人間がいた。夫の周である。

同居を始めて以降、周は毎日孫たちと接していた。孫たちが保育園へ行く時間になると玄関へ出て、「行ってらっしゃい」と手を振る。帰ってくる時間になると、窓から手を振って「おかえり」と言う。窓辺で手を振る周の姿を見つけた孫に、「おじいちゃん、出てきて〜」と言われてはうれしそうに出て行き、「おかえり」「ただいま」とハグをする。私はこんな周の姿を見て「ストーカー」と命名したが、本人もまんざらでもない様子でストーカーを楽しんでいた。周のストーカーっぷりは、実に平和で、幸せの象徴のようだった。

彼にとって、孫たちと過ごせた数年間は、かけがえのないものだったに違いない。

夫の発病。「あなた、契約違反よ！」

三世帯同居を始めて四年ほど経った二〇〇四年の秋頃、夫の様子に異変を感じた。少しやせたように見えたので、「あなた、少しやせた？」と何気なく聞くと、「ああ。実はダイエットをしているんだ。効果が出たようでうれしいよ」と答えた。しかし本当はその頃、彼はひどい便秘に悩まされていたのだ。血便が出ることもあったらしい。そしてあるとき、「君、悪いんだけど浣腸を手伝ってくれないか」と言ってきた。私は浣腸を手伝うことは構わないが、プライドの高い彼が、そんなことを頼むということに驚いた。よっぽど深刻なのだろう。「病院に行きなさいよ」と何度も言ったが、「今日は忙しい」「病院は休みだと思う」などと言い訳をしては、病院へ行くことを拒んでいた。

そこで、夫一人を病院へ行かせるのではなく、私も一緒に健康診断を受ける計画を立てた。思えば、夫は勤め先の大学で定期的に検査を受けているが、私はここ何年も受けていない。いい機会だからと、ゴールデンウィーク明けに人間ドックを予約した。

しかし、久しぶりに夫の姿を見た娘が、顔を見るなり「病院へ行こう！」と血相を変えて説得した。そのとき彼は見るからに辛そうで、ソファに身をうずめて、うつらうつらしていた。大の病院嫌いの彼も、かわいい娘の言うことは素直に聞く。すぐに知人の病院へ連絡し、数日後に検査の予約を入れてもらった。私も同行するつもりだったが、たまたま台湾へ行く用事があったので、娘夫婦に任せることにした。検査の翌日に、私は帰国する予定だったため、結果は帰国してからゆっくり聞くと伝えて台湾へ旅立った。

ところが、夫が検査を受けた日の夕方、台湾で滞在しているホテルに電話がかかってきた。息子からだった。私と娘の約束を知らなかったのだ。

「もう、大腸から肝臓に転移しているんだって」

転移と聞いて、返す言葉もない私に、彼はさらに説明を続けた。大腸にも肝臓にも、とても大きな腫瘍があること。早急に大学病院で再検査を受けるべきであること。夫には、すぐに精密検査の必要があると伝えてあること。

私はできるだけ予定をキャンセルし、翌日の早い便で東京へ帰った。

紹介された大学病院はベッドの空きがなかったため、夫はまだ家にいた。彼は私の顔を見るなり、「悪いね、仕事の足を引っ張るようなことをして」と詫《わ》びた。私はそれを無視するように、「あなた、契約違反よ！」と、こみあげてくる嗚咽《おえつ》をこらえながら強い口調で言った。

「あなたは私の面倒を最期までみるって言ったじゃない。こんなのおかしいわよ！」

私の家系は短命で、夫の家系は長命だった。だから、死ぬときは私が先だと思い込んでいたし、「ぼくがママを最期まで面倒みてあげる。約束するよ」と彼は笑顔で言ってくれていた。だから、こんなのはおかしい。約束と違う。私は悲しみが怒りに変わり、激しい口調でまくし立てた。

「ごめん、僕が悪いんだ。もっと早く病院へ行っていればよかったのに」

弱々しくつぶやく彼を前に、私は涙をぬぐって、唇を嚙みしめた。ここでいくら嘆き悲しんでも事態は好転しない。悔しくて悔しくてたまらないけれど、もう絶対に泣くものかと心に決めた。

最初から最期まで本当に優等生だった夫

五月上旬、夫は東京の日赤医療センターに入院した。精密検査の結果、肝臓はもう手遅れ。腸は切るには切るが、治る見込みは低いということだった。

手術当日、私と娘と息子が付き添った。車いすに乗った彼の右側に私、左側に娘、そして息子が後ろにいた。

数十年前に、日本へ一人でやって来た周と私。母国を思って活動する中、めぐり会い、結婚をした。そして思いがけず子どもを授かり、今日までともに歩んできた。いろいろな思いを胸に抱きながら、私は、手術室に入る彼を見送った。

長時間に及ぶ手術が終わった後、麻酔から目覚めた夫は言った。

「君たちが一緒にいてくれて、本当に心強かった。三人が見守ってくれているんだと思ったら、決してここで死ぬはずはないと思えたよ」

こんなとき、もし誰とも結婚をせず、一人で生きていたとしたら、どれほど心細いことだろう。病院嫌いの彼が検査を受け、手術を受けたのだって、家族のために生きようと勇気をふりしぼったからに違いない。私は家族のいる幸せを嚙みしめた。

この後、彼は定期的に抗がん剤治療を受けながら、必死に闘った。余命一年半だといわれていたが、能天気な私は、それを心から信じてはいなかった。「うちの旦那にかぎって、そんなに早く逝くはずがない。優等生な彼のことだから、きっと今回もいい結果を出してくれる」と思っていた。しかし、その後がんは骨にも転移し、夫は骨折をした。そして寝たきりになった。

私が病院に行くと、「悪いね、忙しそうで大変だね……。それなのに、悪いね」と詫びた。「これまで私はあなたのおかげで、散々楽をしてきたんだから選手交代よ！」。そう私は言い返していた。

夫の病状が進み、コミュニケーションをとることも難しくなった頃、「いざというとき、ご主人に人工呼吸器をつけますか？」と主治医に聞かれた。

私は、つけないと答えた。もし治る見込みがあるなら、いくらでも治療とお金に時間を費やすつもりだ。しかし、ただ息を引き取らせないためだけに人工呼吸器をつけるのは、意味がないと思った。あれほどクリアに思考をしていた夫が、今は体の自由を失い、会話も成り立たない状態になっているのだ。病床にしばりつけられている姿を見ているうちに、これは人間として極めて不幸な状態なのではないかと思うようになった。尊厳死について真剣に考えるようになっていた。

そしてある朝、娘から電話があった。

「今病院から電話があって、パパの呼吸が乱れてきて、予断ならないって言うの。すぐに病院へ来てくれと言うのだけど」

「わかった。じゃあできるだけ急いで行くわ」

この前夜、主治医からはいつ何が起きてもおかしくないと宣告されていた。だから心の準備はしつつあった。

お昼前に病室へ着くと、夫は酸素マスクをつけていたが、差し迫った緊迫感は感じなかった。そのため、娘と息子は私に夫を任せて出勤し、私は一人で夫を見守っていた。

夫を見ながら、私は「まだまだ大丈夫」だと思っていた。思えば、私は臨終というものに立ち会ったことがない。ブラックリストに載っていたため、両親の死に目にも会えなかったし、妹の死に目にも立ち会えていない。だから、死の淵に立つ人間が、いよいよそこに向かう微妙な変化を見て取ることができなかった。

夕方、子どもたちが再び呼び寄せられ、家族みんなで横たわる夫を見つめていた。そして、医師が夫の様子をチェックしたかと思うと、それは唐突に告げられた。

「ご臨終です」

「え?……」

あまりのあっけなさに、すぐには状況を飲み込めなかった。覚悟はしていたが、まさか今、本当に死んでしまったの? ウソでしょう?

こうして、二〇〇六年十一月九日の夕刻、夫の周英明は七十三年の生涯を終えた。

主治医に覚悟を促されてから、あまりにも早い死だった。仕事で忙しい私が、病院に缶詰めになることを拒むように、彼は足早に逝ってしまった。最初から最期まで本当に優等生の夫だった。

子どもを持つのに準備万端のタイミングなんてない

私は元々結婚願望が強いタイプではなかったし、子どもをすぐに産むつもりもなかった。しかし、夫を見送り、一人になって思うことは、「家族がいて、本当によかった」ということだ。

若い頃は、家族を持つことで束縛されるのが嫌だった。子どもがいれば、私個人の自由は制限される。修士論文で忙しかった私は「もう少し落ち着いたら子どもを産もう」と考えていた。だから、思いがけず妊娠が発覚したときはショックだった。「どうして今なの」とタイミングを呪った。

けれども、もし「今なら子どもを産んでもいい」というタイミングが来るのを待っていたとしたら、永遠に子どもは持てなかったと思う。なぜなら、今からなら三年も四年も、子育てにかける時間が十分ありますなんていうときは、ありえないのだから。修士論文が終わったら博士論文が待っているし、卒業したら就職をしなくてはいけない。ますます出産どころではなくなるだろう。一体、いつになったら産んでOKのタイミングが来る？タイミングを図っていたら、おそらく産める時期を逸していたと思う。

きっと、あのとき妊娠したのは、神様のいたずらだったのだろう。「ちょっとこいつ、生意気だから、世の中には思い通りにいかないこともあると教えてやろう」と。でも、今では神様に感謝をしている。家族がいてくれて、本当によかった。

私たち家族は、一日一日をともに過ごし、少しずつ家族になってきた。だから、些細《ささい》なことでも喜びを分かち合えるし、助け合える。積み重ねた結果、初めてわかることが、世の中にはあるのだ。

先日、あらためて家族のありがたさを感じる機会があった。

引っ越しをすることになった私の元へ、娘夫婦と孫二人が手伝いに来てくれた。こまましたことを全部やってくれて、本当に助かった。娘はいわゆる秀才タイプではないが、とても気がきく。荷解きはもちろん、台所用品やトイレットペーパー、ごみ袋など、新居で必要なものをすべて買ってくれていた。私はその日の午前中、安倍首相主催の「桜を見る会」に出席していたのだが、彼女は朝からスーパーへ行って一通りそろえてくれたのだ。「この子も成長したなぁ」と思った。何も言わなくても、全部やってくれるというのは、やっぱり家族だからだと思う。

孫二人は午後から助っ人に加わった。人数が増えたので、作業も効率よく進む。「食器は私が」「じゃぁ、本は任せた」とさっさと段ボールを開けて、片付けてくれた。引っ越し屋さんには「お宅は早いねぇ」と褒められた。

家族のいる幸せを大いに感じているが、常々「家族って素晴らしい」と思いながら生きているわけではない。基本的には一人が好きだし、今は一人暮らしで、一〇〇%自由を満喫している。けれども、家族がいる幸せは、こういうちょっとした瞬間に訪れる。そして、「あぁ、何も言わなくても私を助けようとしてくれる人がいるんだなぁ」と、温かいものが胸に広がる。理屈なしで、愛情を注ぎ、注がれて、付き合っていける人間がいるという幸せ。家族を持つことは、本当に素晴らしいことだ。

第三章

働いて稼いで、ハッピーに使う

私は永遠のフリーター

大使館に直談判してつかんだ通訳の仕事

留学前は、台湾の国際学舎で働いていたので、ある程度の蓄えはあった。とはいえ、日本で働かずに暮らせるほどのものはない。

入学直後、「仕事を探さなくては」と思いながら早稲田のキャンパスを歩いていると、背が高いイケメンの学生が現れて、「ＥＳＳに入らない？」と言う。早稲田大学英語会というサークルの勧誘だった。話を聞いてみると、ふつうの大学生は、アルバイトをすると一日五〇〇円。でも、英語を話せる人は一日八〇〇円もらえる。英語ができるだけで日給が三〇〇円も違う。だからＥＳＳに入りましょうという内容だった。

当時は、ＯＬの月給が八〇〇〇円の時代だった。アパートの家賃の相場は一畳一〇〇〇円。私は三畳間暮らしだったので、三〇〇〇円の家賃を払っていた。そんな時代に、日給が三〇〇円も違うのは大きい。「そうか、ふつうの学生だったら五〇〇円。でも英語を話せると八〇〇円なのか」と、私は頭にインプットをして、結局ＥＳＳには入らずに、英語を生かせるアルバイトを探すことにした。

早稲田の大学院にいる台湾の留学生に「ちょっとアルバイトをしたいんだけど、何かないかしら？」と相談すると、「国際見本市の中華民国館で、通訳兼案内係のコンパニオンを募集しているよ」とのこと。思い立ったらすぐに行動に移す性分の私は、すぐさま、当時まだあった大使館へ向かい、雇ってもらえるように直談判をした。

「すみません、こちらで通訳ができるアルバイトを探していると聞いたのですが、雇っていただけますか？」。台湾から来日していた責任者に面会した。

「あぁ、四人雇う予定でしたが、全員決まってしまいましたよ」

「（Too late！　出遅れた……）」

国際見本市が開かれるのは一週間後である。たしかに、もう遅い。すでに採用された四人のサイズに合わせて、チャイナドレスも発注されているそうだ。

しかし、落ち込む私を見た彼は、せっかくだからお茶でもどうかと誘ってくれた。

「君は、台湾からの留学生なんだね。台湾では何をしていたの？」

「国際学舎で館長秘書をしておりました」

「えっ!?　君はピーター・ツァンの秘書だったの？」

「ええ。ピーター・ツァンをご存じですか？」

……なんと、彼は私のかつてのボスと知り合いだった。実は彼は経済産業省の人間で、上のほうでつながっていたのだ。そして、じゃあ大丈夫だろうということで、その場で私の採用が決定したのである。「でも、今から発注しても君の分のチャイナドレスは間に合わないなぁ」と言うので、「大丈夫です。たくさん持っていますから」と答えた。まさかこんな形で、トランクに積め込んできたチャイナドレスが役に立とうとは。私のオシャレ心が吉と出た瞬間だった。

私以外の四人は、アルバイト女性を仕切る男子留学生の身内で固められていた。一人は彼の妹で、小さくてかわいい。けれども、英語が話せないし日本語も片言。もう一人は、フィアンセで美人。中国語と英語はできるけれども、日本語はダメ。残りの二人も、日本語と中国語は話せるけれど英語ができないなど、何かしら欠けているものがあった。

そんな中、私はというと、日本語、英語、中国語、台湾語、何でもお任せくださいという感じ。水を得た魚のように働いた。海外から訪れるさまざまな客人をもてなす仕事は、好奇心旺盛な私に合っていたし、とても楽しかった。しかもこの仕事は、日給が二〇〇〇円だったので、月曜日から金曜日まで一週間働いて、ＯＬの月給以上を稼ぐことができた。

それにしても、あのとき、採用枠が埋まっていたにもかかわらず、扉をこじ開けられたのは本当にラッキーだった。人間は、働くことをずっと続けて、それなりに積み上げていけば、間違いなくチャンスをつかむことができる。チャンスは、突然飛んでくるものだ。それを瞬時にキャッチして自分のものにするためには、瞬発力と行動力、そして能力が必要だ。ひたむきに努力を続けている人は、必ず能力が積み上げられている。だから、チャンスと思ったら迷わずにつかんでほしい。それが幸福への第一歩だと思う。

フリーは毎回ヒットを打つことが求められる

国際見本市での仕事を皮切りに、私の元に、通訳の仕事が舞い込むようになった。

当時、大使館の学生アルバイトの報酬は一日一五〇〇円と決まっていたらしいが、私は一日二〇〇〇円じゃないと引き受けないと決めていた。だから通訳の依頼が来ても「一五〇〇円ではお引き受けできません。私は一日二〇〇〇円です」と突っぱねて、報酬を上げてもらった。台湾からの講師も、公の場では中国語を使用するので、中国語も台湾語も日本語も、ついでに英語も話せる私は、使い勝手がよかったのだろう。

あるとき、大使館主催の講演会が開かれることになり、台湾から二人の中国研究者が来日した。講師が二人来日したので、通訳も二人必要だ。お声がかかったのは、新人の私と、ベテランの男性。さらに、内容が非常に難しく長丁場のため、スーパーバイザーとしてNHKの中国語専門家も念のため控えることになった。

講演会が始まり私が通訳を始めると、しばらく様子を見ていたスーパーバイザーが、「大丈夫そうだから、僕はもう帰ります」と言って帰ってしまった。さらに、もう一人のベテランは、風邪を引いたと言って翌日は来なかった。つまり、私は一人で二人の通訳することになってしまったのだ。

ここで求められるのは、集中力と読解力だ。両方の言葉に精通していることは不可欠だが、聞くことに集中し、何がポイントなのかを読み解き、話すことにも集中をする。一時間の講演なら、私は二時間分働かなくてはいけない。私は中国問題の専門家でも何でもないが、相手の話の肝となる部分を瞬時につかみとって訳す。それが一流の通訳の条件だ。今の私ならきっと一分ももたないけれど、当時はまだ若かったので、なんとか集中力を切らさずにやりきることができた。

後に相方となる周は、よくこう言っていた。

「僕たちは究極のフリーターだから、仕事が与えられたときは、ホームランは打てなくても、必ずヒットを打たなければいけない」

フリーの仕事は、一回一回が勝負だ。一度でもへまをしたら、もうお呼びはかからない。だから私は、すべての仕事に毎回全力で取り組んだ。これは、フリーに限らず会社員でも同じだろう。チャンスが訪れたときに結果を出さなくては、自分が望むキャリアは築けない。いつ訪れるかわからないチャンスに対して、常に準備ができていること。そのためには日々の努力が欠かせない。

英語の鬼家庭教師になる

アルバイトが軌道にのった私は、三畳間から四畳半の寮に越し、さらに六畳のリビングと四畳半の寝室、キッチン、バス、トイレ付きのアパートに引っ越した。家賃は一万八〇〇〇円。それまで四五〇〇円の寮で生活をしていたことを思うと、かなりの大出世だ。しかし、安定したサラリーがあるわけではない。清水の舞台から飛び降りるような気持ちの一方、「なんとかなるだろう」という能天気な思いもあった。

「もっと頑張って働かなくちゃ」と思っていると、運よく家庭教師の話が舞い込んだ。父親は台湾出身で、子どもたちを英語で教育する小学校に入学させたいらしい。

しかし実際に話を聞いてみると、長男はすでに、つい先日行われた入学試験に落ちていた。英語を習わせてはいたものの、面接試験に通らなかったそうだ。次男の勉強をみればいいのかしらと思っていると、父親が予想外のことを口にした。

「どうしても入学を諦められません。なんとかしてもらえませんか？」

なんとかするも何も、それは無理な相談だ。だって、もう試験は終わっているのだから。

「いったい、私にどうしろとおっしゃるんですか？」

「校長にもう一度、入学を交渉してもらえませんか？」

「私がですか？」

「はい、あなたがこの子に付き添って、もう一度校長先生に会ってきてください」

これは私に対する面接試験なのかと思いながら、私は長男を連れて、校長先生に直談判《じかだんぱん》をするため小学校に向かった。

長男が入学を希望しているのは、カナダの修道院が運営しているカトリックの小学校だった。校長先生は神父さんで、彼の一存で合格者が決まる。当然、アメリカ人やイギリス人の子どもはまず間違いなく合格する。次に優先されるのが帰国子女だ。授業はすべて英語で行われるのだから、英語を話せることは必要不可欠だろう。しかし、長男は英語を片言しか話せなかった。彼の両親も英語を話せないわけだから、校長先生が不安に思って不合格にするのも理解できる。

「この子は、今は英語を話せませんが、私が家庭教師として一生懸命指導します。ですから、どうか再考いただけないでしょうか」

私が切々と訴えると、意外にもあっさりとOKの返事をいただいた。一瞬、あっけにとられるほど驚いた。ダメ元で交渉に来たのに、まさか入学を許可してもらえるとは。

この学校は一般の私立学校と違って、入学許可は校長の胸三寸だったことが幸いしたのだろう。そして、「これくらい、英語を話せる人が指導するのなら、なんとかなるだろう」と思ってくれたのかもしれない。

長男を連れ帰ってそのことを両親に報告すると、両親は飛び上がって喜んだ。そして、毎月のアルバイト料は破格の三万円に決まった。

きちんと指導すると言った手前、私は毎日その子に付ききりで英語を教えた。私は相手が子どもであろうが、厳しいし、短気だし、すぐに声を上げる。きちんと予習をしていなかったり、集中力が途切れて遊び始めたりすると、雷を落とす。

こうして、私はあっという間に鬼家庭教師と化した。鬼家庭教師は、子どもたちの父親にも恐れられ、家におじゃまするると、自営業で家にいるはずのお父さんが、すぐに雲隠れをしていた。とてもやさしいお父さんだったので、子どもが叱られている様子を見るのがいたたまれなかったのだろう。

そして、鬼家庭教師の教えに素直に従った彼は、入学後初めてのスペルのテストで、クラスで二番の成績を収めた。その後、兄弟は成長し、二人ともアメリカの大学に留学するほど成長した。家族が望んでいた英語教育が実を結んだことは、私にとってもとてもうれしい出来事だった。

希少価値を生かして翻訳の仕事も

通訳や家庭教師の仕事をする一方で、私は翻訳の仕事もしていた。きっかけは、台湾の広告会社の社長について、とある大手広告代理店へ行ったことだった。

実はそれまでにも何度か通訳を依頼されていたのだが、忙しいから無理だと断っていた。しかし、私の代わりに連れて行った人が、スムーズに通訳をできなかったそうで、再び私にお鉢が回ってきた。そこまで頼まれたら断るわけにもいかず同行した。

打ち合わせが終わると、代理店の担当者にこう言われた。

「なぜ最初からこの人を連れて来なかったんですか?」

最高の褒め言葉ではないか。これをきっかけに、広告会社でも私の名前が売れ、通訳だけではなく翻訳の仕事も舞い込むようになった。

そことは別の広告代理店の当時の国際局長にも大変お世話になった。彼は後に『リーダーズ・ダイジェスト』にヘッドハンティングをされて転職したのだが、そこでの仕事をすべて私に回してくれた。『リーダーズ・ダイジェスト』といえば、現在、日本版は休刊になっているが、一〇〇カ国以上で発行され、四〇〇〇万人の読者がいると言われているマンモス誌だ。その当時、香港版の中国語広告の翻訳をすべて私に任せてくれた。

広告は、はっきり言って実入りがいい。文章が短いのに報酬が高いから、忙しくて面倒くさがり屋の私には、もってこいの仕事だった。それに、私はキャッチフレーズを考えるのが好きだった。短い言葉に思いをのせる仕事は、言葉のセンスの見せどころである。

話は少し逸《そ》れるが、周は私を「言葉が芸術的に美しい人」と表現したことがある。「周さんのフィアンセってどういう人?」と聞かれて、こう答えたらしい。照れもせず、のろけるでもなく、こういうセリフを言ってしまうんだから、本当に不思議な人だ。

さて、こうして翻訳の仕事も手掛けるようになり、仕事の幅はどんどん広がっていった。

広告の仕事以外に、機械の説明書を翻訳する仕事なども入ってきたが、私は機械オンチなのでパス。そういう仕事は全部旦那さんにお任せして、私は楽しくキャッチフレーズを考えていた。

当時は、中国人があまりいなかったので、英語、中国語と日本語ができる私は希少価値が高かった。競争がないから、報酬も言いたい放題。「一枚いくら」って。本当にいい時代だった。今の住まいも、このときの稼ぎで建ったと言っても過言ではない。柱の何本かは周の働きによるものだ。

日本語学校の設立もお手伝い

その後は、早稲田で非常勤講師をする傍ら、いろいろなアルバイトをしていた。転機が訪れたのは四十歳のとき。ケンブリッジへ留学をしたときに、英語が産業になると感じたことだった。

元々、英語が産業になることはわかっていたけれども、いざ英国で生活をしてみると、あらためてそれを実感した。全世界から、英語を学ぶために大勢の人が集まって来て、外貨を落として行くのだ。その様子を目の当たりにして、私は「これからは日本も、外国人に対して日本語教育をきちんと行わなくてはいけない」と思った。実はかなり前から、「日本には、まともな日本語学校がありません。先生、どうしてやらないんですか？」と何度か言われており、きちんと日本語と日本の習慣を教える場が必要だと感じていた。そして「英語の教師をシコシコ続けるよりも、日本語を外国人に教えるほうが私には合っているかもしれない。私は日本で暮らす外国人だから、外国の学生の気持ちはよくわかる。それに、台湾の若い人にも会える」と思った。

私はその当時、ブラックリストに載っていたため、台湾の若い人と交流できない状態だった。でも、私は台湾の若い人に会いたい。彼らがどういう考えを持って生きているのかを知りたい。

ちょうど、日本ブームだったことも私の気持ちを後押しした。とはいえ、実際に日本語学校を設立するのはとても大変なことだ。思い立ったからといって、すぐに実現できるものではない。

しかし、これがまた不思議で仕方がない。なぜ、ここぞというときにチャンスが舞い込むのだろう。

日本語学校を作るという淡い夢を抱いて英国から日本に帰国すると、知り合いの建築会社の社長が家に来て、相談を持ちかけてきた。話はこうだ。板橋駅の真ん前の土地にビルを建てる。でも、部屋を貸し出すだけではつまらないから何かをやりたい。すると、友人が日本語学校をやればいいと言った。金さん、やってくれないか？

なんという偶然。なんという幸運。チャンスが向こうから飛び込んできたのだ。そして、「正式な学校法人で、いい学校を作るのであれば、ぜひ手伝わせてください」と私からもお願いをして、一九八八年、ＪＥＴ日本語学校を設立した。

日本語学校を設立して運営していくことは、想像以上に大変だった。国際情勢には左右されるし、円が高かったら生徒は集まらないし、震災が起きると生徒は国に帰ってしまう。

私は、運営していくにあたって二つの指針を定めた。

一　お金のためではなく、若い人を応援するために真面目に教育を行う

二　中国の学生は採らない

一は当たり前のことだが、二はなかなか難しい。なぜなら、日本への留学希望者は、圧倒的に中国人が多いから。中国人は、日本語学校にとって一番のマーケットであり、最大

のサプライ源である。しかし、私は台湾独立運動をしている身だ。台湾をのみこもうとしている中国の学生を採ることなんて、できっこない。うちの学校は定員が一五〇人だから、中国人を採らないと決めてもなんとかなったが、定員が五〇〇人の規模の学校なら、到底成り立たないだろう。

私は学生を集めるため、プラスワンを認めてもらえるように文部省（当時）にお願いすることにした。プラスワンというのは、海外と日本の教育制度の溝を埋めるための制度だ。たとえばマレーシア、トルコ、ロシア、中南米諸国などでは、就学年数が十二年に満たないで高校を卒業する場合があるため、制度上、日本で大学に進学することができない。日本で大学に進学するためには、十二年が基本なのだ。しかし、文部大臣から特別に指定された学校で一年間勉強をすれば、日本の大学に進学する資格を得ることができる。これがプラスワンだ。うちの学校は、真面目に運営をしているし、生徒も一生懸命学んでいる。だからプラスワンを認めてほしいと何度も陳上した。しかし、そこはお役所なのでウンともスンとも言って来ない。

ところがある日突然、「受け付けるから一カ月後に書類をすべて提出してください」というお達しが来た。一ヵ月!? 申請に必要な書類は山のようにある。「とても間に合わないから来年申請しましょう」という意見が多数を占めた。しかし私はダメだと言った。「来年また受け付けてくれるかなんて、わからないでしょう。私も手伝うから、とにかく申請しましょう」

……手伝っていない。全然手伝っていない。私は書類を作る能力がゼロだ。「ごめん!」と思いながらも、なんとかみんなが準備してくれた書類を期日までに提出した。

結果はOK。プラスワンが認められた第一期校となった。翌年は、やはり申請を受け付けていなかったので、あの時頑張って申請をして本当によかった。

おかげさまで、最近は入学をお断りするほど学生が集まっている。現在、私は校長・理事長を退き、名誉理事長として活動している。入学式や卒業式などのイベント時にしか、生徒たちと顔を合わせる機会はないが、希望にあふれて努力をする若者と直にふれあえるのは、本当にうれしい。これからも、日本を訪れる外国人たちに、日本人のやさしさ、勤勉さ、約束を守る生き方など、大好きな日本人の姿を伝えていきたいと思っている。

五十九歳でコメンテーター・デビュー

娘の縁で始まったテレビの仕事

私がテレビに出演するようになったのは五十九歳のとき。テレビ局に就職した娘が、上司を家に連れて来たのがそもそもの始まりだった。

ある日、娘が上司とお昼ご飯を食べに行こうとしたが、適当な店が見つからず、「ママ、家に何か食べ物ある?」と電話をしてきた。我が家は昔から人を招くのが大好きな家庭で、子どもたちもその環境に慣れていた。だから娘は上司を家に連れて来ることになんら抵抗がなかったし、私も「ちょうどいいものがあるよ。おいで」と招いた。

三人で楽しく食事をして別れたのだが、実は上司はそのとき、ある新番組のコメンテーターを探していた。新番組だから、まだ顔が知られていないフレッシュな人間がいいと思っていたそうだ。そしてなぜか私のことを気に入った彼は、企画会議で私の名前を挙げた。

ふつうは、無名の私を候補に挙げても却下されるだろう。しかし、縁というか運というか、その企画会議になんと、かつての私の教え子がディレクターとして混じっていた。

「あっ、金先生、いいかもしれない」と、話が一歩前進。そして結局、私はコメンテーターとしてデビューが決まってしまったのだ。

娘は「テレビの世界は使い捨てだから、誇り高いママは絶対傷付く」と建て前を言う。しかし推測するに、「せっかくママの全然知らない世界に入ったのに……」というのが本音だろう。ようやく口うるさい母親の元を離れて、自分が好きな仕事をしているのに、そこへ母親が乗り込んでくるのは娘にとっては迷惑な話だ。しかし私はオファーを受け、コメンテーターとしてのキャリアがスタートした。

娘は、「金先生の娘さんですね」と言われるのが不満らしい。世の中にも、娘が私のコネでテレビ局に入社したと思っている人がいるようだが、娘は本当に何のコネもなく試験を受けて入社した。

娘の名誉のためにあらためて言おう。娘が私のコネで入社したなんていうのはまったくのデタラメ。むしろ、私が娘の縁で、テレビの仕事を始めさせてもらったのであり、順序が逆なのだ。

首を切られるのなんて怖くない

コメンテーターの仕事を始めるようになったとき、「金君、すごく似合っている」と恩師に言われた。私は好奇心が旺盛でミーハーなので、いつも自然にアンテナが張られている。何事に対しても必ず意見があるから、ぴったりだと言うのだ。

恩師というのは東京女子大学の教授を務めたアメリカ人なのだが、早稲田大学の院生時代にゼミでお世話になっていた。

彼の授業は、早稲田で受けた授業の中でベストだったと思う。日本人の教授は結局自分の意見を言わないことが多いが、彼は必ず言う。学生一人ひとりに意見を述べさせた後、誰それの言ったのはちょっと間違いだとか、ミス金のそういう解釈はもっともだとか、総合評価をするのだ。

彼はまさに歩く百科事典のように優秀で、彼から学び取ったことは大きい。私のこの、瞬時に好き勝手なことを言う瞬発力のようなものも大いに鍛えられたと思う。

私はよく、コメンテーターとして出演したテレビ番組から、「次回からはご出演いただかなくて結構です」と首を切られる。しかし、まったく気にしていない。むしろ、首を切られて当然だと思うことが多い。なぜなら、番組側が期待していることを言わないからだ。世間が同調していることにも、違うと思えば、はっきりNOと主張する。

私は彼らの期待することを言うためにそこに座っているわけではないし、視聴者に媚《こび》を売るためにやっているわけでもない。ただ、自分が正しいと信じていることを発言している だけだ。だから首を切られても仕方がないし、「はい、わかりました」で終了。一切未練はない。

たとえば、二〇〇一年四月、小泉純一郎内閣で田中真紀子氏が外務大臣に任命されたときには、私一人が「ミスキャストです」と言った。当時、彼女は小泉内閣の生みの親としてもてはやされ、誰もが「面白い」「期待できる」と賛辞を贈っていた。そんな中、ミスキャストだと発言した私は、主な視聴者である主婦層から反感を買い、すぐにその番組を降ろされた。

村山さんが首相だった頃、彼の人柄を誉めたたえる風潮に対して「人がいいだけで総理大臣になれるなら、日本人の大半は人がいいから、みんな首相になれますよ」と皮肉を言ったら、これまたすぐに首を切られた。

また、9・11のテロが起きたとき。私は「これは新しい形の戦争です」と言った。その瞬間、その場にいた日本人全員がドン引き、テロを戦争と表現するなんていけないことだという空気が流れた。平和に慣れた日本人は、戦争という言葉にアレルギー反応を起こしやすい。しかしその日の、日本時間でいう夕方にブッシュ大統領が「これは戦争です」と言い放った。「きっと、日本のテレビを見て金さんの真似をしたんだよ」と仲間には言われた。

私の発言が正しかったかどうかは、すべて時間が証明してくれている。五十九歳でデビューして、アップ・アンド・ダウンがいろいろあったが、私の言ったことは一言も訂正する必要はない。言いたいことがあるからそこに座っているのであり、そこに座り続けるために心にもないことを言うのは絶対にありえない。これは私のポリシーである。

「子育てで得たもの」の存在に気付く

ずいぶん前のことになるが、『ビートたけしのTVタックル』(テレビ朝日系)で、「なぜ子どもを産むのか?」をテーマに討論をしたことがある。メンバーは、当時人気絶頂だった田嶋陽子氏のほか、舛添要一氏他数人。女性は彼女と私の二人で、出産経験があるのは私だけ。

討論が始まると、さっそく私は田嶋さんに先制パンチをくらわせた。

「世の中の大多数の女性は結婚をして、子どもを産んで育てています。だから、大多数の女性が経験するようなことを経験しないと、本当の意味で女性の代弁者にはなれないと思います」

　彼女は目をひんむいて反撃。

「想像力ってものがあるでしょう！　金さんが言っていることはねぇ、人殺しをしなきゃ人殺しの話ができないっていうのと同じよ！」

「私は文学を学んでいた人間ですから、平均よりは遥かに想像力があると思っています。けれども、想像力には限界があるということもわきまえています」

「仕事をしている女性が子どもを産んで育てるのは、とっても大変な世の中なのよ！」

……そうして、彼女は仕事と子育てを両立する大変さを力説した。私はその瞬間、あぁ、この人は墓穴を掘ったなと思った。だって、誰に対して言っているの？　そして一言。

「あなたの百倍知っています」

　彼女はあ然としていた。はい、勝負あり。

　彼女は女性が仕事を続けていく大変さはわかっているだろうが、子どもを産み育ててはいない。だからどれほど仕事と子育ての大変さを訴えても、説得力がまるでない。しかも訴えた相手が私だ。子どもを二人育てながら、この歳まで仕事を続けてきた私。勝敗は明らかである。

私が「大多数の女性が経験をしていることを経験しないと、女性の真の代弁者にはなれない」と思うようになったのには理由がある。

私が乳飲み子二人を抱えていた頃、慶應義塾大学でボーヴォワールが講演を行った。ボーヴォワールは哲学者サルトルと恋人関係にあったが結婚はせず、自由気ままに生きる、知的なライフスタイル送る女性のシンボルのような存在だった。私も、彼女の知的なライフスタイルに憧れを抱いたことがある。私は講演を聴きに行けなかったので、雑誌に掲載された講演録の一字一句に目を通した。しかし、そのときにハッと気が付いた。彼女ほど知的な哲学者にも限界があるということに。

彼女は一般的な女性のように、所帯を持つことで生じる細々とした煩わしさも、子育ての大変さも経験していない。だから、彼女の講演録からは、一般女性に対するシンパシーがまったく感じられなかった。

そうして私は気が付いた。私は子育てで自分の自由を奪われて、いろいろなものを失ってばかりだと思っていたけれど、得るものもあったのだと。子育ての大変さを味わうおかげで、私は世の中の多くの女性の気持ちを心から理解することができるのだ。

この気付きは、子育てで鬱々としていた私の気持ちを少し解放してくれた。相変わらずヒステリーは起こしていたけれども、「ボーヴォワールでさえ、経験がないと限界があるんだ。大多数の女性が経験していることを経験しないと、女性の代弁者にはなれない」。そう自分で自分に言い聞かせることで、私は自分を納得させることができた。

台湾に乗り込み記者会見を開く

二〇〇〇年に民進党の陳水扁が総統に就任した。蔣介石が台湾に乗り込んできて以来、五十五年間にも及んだ国民党政権が、ついに終わりを告げたのだ。夫の周も、「ようやく民進党が政権をとったんだから、台湾に帰って来い」と台湾の仲間に呼びかけられて、涙を流しながら「わかりました」と応じていた。私たちは、台湾の明るい未来を信じていた。

ところが、勝利した瞬間のお祭りムードはあっという間に終焉《しゅうえん》した。立法院（国会）では相変わらず国民党が過半数を占め、難しい政権運営を強いられ、国民党に「仲よくやりましょう」という態度で接したからだ。本来、相手は敵なのだから、もっと厳しく接しなくてはならないのだが、元々台湾人は温厚なうえ、政権を握るのは初めてだ。融和しましょうと言って歩み寄ろうとするうちに、すっかりなめられてしまった。

だから、当時の台湾人たちは、みんなで両手を挙げて「わぁ！　勝った！」というわけではなく、周りの様子を見ながら静かに喜ぶような状態。せっかく勝利したのに、腰の引けた態度をとる陳政権に対して、国民はすっかり欲求不満に陥っていた。

そんな状態が一年ほど続いたとき、台湾国内で『台湾論』という本が出版された。これは日本人である小林よしのり氏が、日本統治下の台湾の様子をマンガで著したもので、台湾と日本の関係を実に丁寧に描いた良書である。台湾国内での取材活動には私も協力していた。

しかしその中に、「台湾に強制された慰安婦はいなかった」という発言が含まれていた。そのため、それを見た反日外省人が、「日本の右翼マンガ家が、日本の植民地統治時代を美化、正当化している。さらに、戦時中の台湾の慰安婦に関する記述は、歴史的事実を歪曲している」と激怒。そしてなんと、小林氏が当分の間、台湾へ入国することを禁じてしまったのである。

事務所でその連絡を受けたとき、私はすぐに心を決めた。明日、台湾へ帰る。そして記者会見を開く。

私は、台湾で名が売れているわけではないし、記者会見をいきなり開くと言ってもマスコミが集まる保証はない。小林氏も、「日本に帰って来られなくなったら困るから、やめたほうがいい」と制した。しかし、こんなことはあってはならない。言論の自由を奪ったら、台湾の民主化は大きく後退し、日台関係にもマイナスになる。

いざ記者会見を開くと、そこには多くのマスコミが詰めかけた。ものすごいフラッシュを浴びながら、私は中国語で一時間、しゃべり通した。『台湾論』は間違いなく台湾のために書かれているということ。それなのになぜ、民主主義であるはずの台湾が拒絶をするのか。言論の自由はどうしたのかと。

私くらいの年代の人は、学生時代に途中で言語が変わったため、中国語が下手な人間が多い。しかし、突然日本から現れた白髪のばあさんが、中国語を巧みに操って台湾メディアを批判するという事態は、現地の人々に衝撃をもって迎えられた。

そのため、記者会見が終了した後、現地のテレビ局が出演を依頼してきた。記者会見を見ていた国民党寄りのメディアが、生意気な私をテレビに引っ張り出してコテンパンにしてやろうと企んだのである。

基本的に台湾の人間というのは控え目なので、押しの強い中国人を前にすると、遠慮がちになってしまう。だから、記者会見ではうまくいったが、テレビとなればそうはいかないだろうと連中は期待をしたのだ。中国人の対抗馬を用意して、私を痛めつけてやろうと思ったのだろう。

ところが、誤算があった。想定外。私はテレビに慣れている。向こうはまったくそれを知らないのだ。

私ははっきり言った。

「私は中華民国なんて認めません」

「あなたは、独立主義者なのか？」

「ええ、そうよ」

「台湾は独立すべきだと言うのか？」

「そうです、独立です！」

ふつうの台湾人だったら、遠慮して言えないようなことを、私は次々と主張した。本当は陳水扁に言ってほしかったであろうことを、私が代わりに言ってのけたのだ。だから、その番組を見ていた台湾人は「スカッとした！」と言っていた。このとき、一人の司会者が「ああ、この人はブレイクする」とつぶやいた。

こうして、反日中国派の思惑は大外れ。私を痛めつけるどころか、私は台湾でブレイクを果たした。

「ケンカはエレガントに」が私の信条

台湾で顔が売れた私は、その後も何度かテレビ出演を果たした。しかし、台湾独立を平気で主張する私が気にくわない人間もいる。そのため、待ち伏せていた中国派の人間に卵をぶつけられたこともある。当時の私にはSPがついていたほどだ。

そんなこともあり、台湾のテレビからはしばらく離れていたのだが、東日本大震災の後、久々に台湾のテレビに出演することにした。台湾から寄せられた巨額の義援金に、日本人がいかに感謝しているかをどうしても伝えたいと思ったからだ。

出演したのは、司会者がゲストを二人招いて、いろいろな質問を通してニュースを掘り下げる番組だ。共演することになったのは、親中反日派知識人の代表格で、毒舌として有名な男性だった。年齢は私と同じくらい。親日反中派の私の天敵のような存在である。番組としては私と彼にケンカをさせたいのだろう。私は敵陣に乗り込むようなつもりで、身支度を整えた。

私の信条は、「ケンカはエレガントにする」だ。激しい議論、特にテレビで人に見せるような場合、美しくなければ勝てない。だからその日は、マックスマーラーのグレーのノースリーブジャケットとスカートに、グレーと白のオーガンジーのスカーフをふわりと巻き、ピンクのグラデーションのショールを羽織るという、特にエレガントな装いを心掛けた。議論を始める前に、エレガントさで相手にガツンとお見舞いする。それが女性論客の正しい戦い方である。

「今日はヘビー級のゲストです。お二人、どうぞ！」と司会者が私たちを紹介し、戦いの火蓋が切られた。

私はわざと台湾語で話し始めた。中国から台湾へ渡って来た彼が、台湾語を話せるかどうかは知ったことではない。司会者が気を遣って、「台湾語はわかりますか？」と彼に尋ねると、「台湾語というものは、言語的には存在しない！」という持論を展開しながら、次第に日本批判へと矛先を向けてきた。

「あなたはなぜ、日本の戦争犯罪を追及しないのだ！」

一般的な台湾人の感覚からすると、戦時中のことを今さら持ち出して日本を批判するのはナンセンスだ。司会者も苦笑いをしている。しかし彼は「日本人は土下座すべきだ」「金美齢は日本人に武士道精神を発揮させるべきだ」と続けた。

それに対して私は日本政府がいかに寛容だったかを説いた。

「私がブラックリスト入りをした決定的な理由は、早稲田大学の台湾人留学生会の名称を、台湾稲門会と命名したからです。たかだか、学生会の名前に台湾とつけただけで私はパスポートを奪われたのです。しかしそんな私に対して日本政府は特別ビザを発行してくれました。夫の周英明は日本の文部省から奨学金を受けていたおかげで、勉強を続けることができました。日本政府の取り計らいがなければ、私たちはやっていけなかったでしょう。日本政府には心から感謝しています」

その場にいるみんなが、うなずきながら聞いている。

それでも彼は「日本人はあんなに台湾人をいじめたではないか。あなたのように日本語がうまい人間が、日本の責任を追及すべきだ」と続けた。

私は、こう反論した。

「今さら過去に起きたことをとやかく言っても何も始まりません。中国は、日本よりもはるかにひどいことを台湾にしてきましたが、私はそれについてあまり追及しません。過去よりも未来を見て、どうすればよりよい生活を築けるのか、それを私は考えたいと思っています」

おそらくこのときには、周りは私の味方についていただろう。

結局彼は別れ際に、「あなたのようにエレガントで教養のある女性が、日本で活躍することは、台湾のイメージアップにつながっていることでしょう」と言ってくれた。

放送を見ていた友人からは、「彼がやりこめられるのを初めて見た」「金さんのことを、何度もエレガントだと言っていたね」と感想が寄せられた。この回は何度も再放送され、そのたびに視聴率を稼いだそうだ。

おそらく彼は相当な女性好きなのだろう。私はばあさんだが、むこうもじいさん。同年代の〝エレガント〟な私に対して、嫌われたくないという本能が働いたのかもしれない。彼は発言の合間に、「こんなにエレガントなのに」という言葉を何度も発していた。女性がエレガントであることは、大きな武器になるのだ。これは決して、ずるいことではない。闘いの場で使える武器はすべて使うべきだ。

上手にお金を使える人は美しい

お金を稼ぐのは大変、使うのはもっと大変

私は若い頃から、家賃がＯＬの月給の二倍以上する家に住んだり、オペラやお芝居を観に行ったり、稼いだお金を惜しげもなく使ってきた。

こういう話をすると、「そんな贅沢《ぜいたく》をできるのは、お金をたくさん稼げる人だけ。私には無理」と言う人がいる。しかし、私が言いたいのは、お金をたくさん使って贅沢をしなさいということではない。自分が使える範囲で、好きなことにお金を使おうということだ。

たとえば、私の事務所からは新宿御苑を一望できる。だから、桜の季節は特に好きで、人を招いては部屋で花見をしながら、おしゃべりに花を咲かせている。

そのため、わざわざ二〇〇円を払って新宿御苑に入園し、花見をすることはない。あそこは、半分私の庭のようなものだ。なぜ二〇〇円を払わなくてはならないのか。入るとしたら、無料で入れる日だけだ。

おいしい食事やお芝居には、数万円をポンと使う私だが、新宿御苑の入園料二〇〇円は

払いたくない。これは決してケチという話ではなく、自分が一生懸命稼いだお金を、どのように使えば、自分が幸せになれるかという話だ。私はお金を使うことが好きだし、お金を上手に使えるかどうかは一種の芸術だと思っている。

お金というのは、稼ぐのは大変だが、使うことはもっと大変だ。散財するのは簡単だろう。しかし、本当に必要なことを見極めて、芸術的にお金を使うのは難しい。億万長者が、何億持っていますと言って一銭も使わないのは、私に言わせるとありえないし、アホだと思う。なぜなら、お金はいくら持っていても、使わなければただの数字であり、使うときに初めて効力を発揮するからである。だから私はお金を使うのが好きだし、上手にお金を使うことは美しいと思う。

大切なのは、まず、自分に一番大切なものは何なのかを考えること。そして、お金の使い道の優先順位を決めることだ。幸せというのは、使うお金の額ではなく、いかに自分の心が豊かになるかで決まるもの。世間の価値観に合わせて、自分が好きでもないことにお金をつぎこんだところで、楽しめるはずはないのだから、幸せにもなれっこない。

若い女性には特にお金を大事に使ってほしい。大事に使うというのは、節約しましょうということではなく、自分の心が豊かになるものに使いましょうということだ。背伸びをしてブランド品で着飾るよりも、美しいものを観たり、聴いたり、触れたりすることのほうが、その人を美しく成長させるだろう。ブランド品は使い続ければ価値が落ちるが、自分自身が経験して、吸収したことは、その人の血となり肉となり、思い出となり一生残る。

世の中には、「お金で買えないものはない」と言う人がいるが、私は間違っていると思う。たしかに、お金で買えるものは多い。おいしい食材も、着心地のいい洋服も、お芝居のチケットも、すべてお金で買える。親の遺産を受け取るために志を捨てて台湾へ帰った仲間だっている。これはある意味、お金で心が買われてしまったと言えるかもしれない。私は長い人生の中で、お金が持つ力を嫌というほど見せつけられてきた。

しかしその一方、世の中には、お金で買えないものもある。もしお金で買えたとしても、その瞬間、価値がなくなることもある。それを私は十分承知しているつもりだ。

そもそも、お金で何かを買うのは、そのものを通して幸せを手に入れるためだ。だから、何かを手に入れたときに幸せだと感じられない人は、いくらお金を使い、たくさんのものを手に入れたとしても、決して幸せにはなれないだろう。

若い人たちにごちそうする喜び

私がお金を使うことといえば、人にごちそうをするときだ。おいしいものを食べて不機嫌になる人はいないだろう。だから、みんなでおいしいものを食べるというのは、楽しい時間を持つということ。特に年寄りは、若い人にごちそうするのが仕事のようなものだ。お金を持っていないなら仕方がないけれど、少々あるのなら、宝の持ち腐れにしないでごちそうすべきだろう。

あるとき、娘が電話をしてきて、「あの店の予約が取れたよ」と言ってきた。アメリカのステーキ屋さんなのだが、娘がロサンゼルスに行ったときに食べたらとてもおいしかったそうで、予約してくれた。「もうすぐ母の日だし」とも言っていた。

うちの娘や息子は、私をよく食事に誘ってくれる。「誕生日のお祝いをしていないから、お祝いをしましょう」「ママ、敬老の日が近いわね」などいろいろとお誘いを受ける。でも、支払いは私だ。間違いなく声はかけてくれるのだが、支払うのはいつも私。なんだか素直に喜べないところはあるが、まぁいい。そうやってみんなと楽しい時間を過ごすために、お金を払うのが私の仕事なのだ。

先日は、引っ越しを手伝ってもらったお礼に、みんなで食事をした。娘家族四人と、日本語学校の教務主任と私の計六人。引っ越し先の向かいに中華料理屋があるのだが、このあたりはオフィス街なので土日は安くなる。しかも、たまたま北京ダックが半額になるキャンペーン中だということを娘が調べて、そのお店を予約してくれた。コース料理にも北京ダックはつくのだが、それでは足りないからもう一羽頼み、みんなで舌鼓を打った。そして、一人ずつに「はい、お駄賃」と言って一万円ずつ配った。このときの幸せな気持ちは、どう表現したらいいのだろう。お駄賃ねと言って渡し、みんながニッコリする。みんなが私の引っ越しを一生懸命手伝ってくれた喜びと、それを労える幸せ。なんだかとても幸せな気分なのだ。

娘や孫は、決して一万円をもらわないと生活できない身ではない。ましてや教務主任は立派な職業人である。けれども、お手伝いをして一生懸命働いた。そしてみんなでおいしいものを食べた。じゃあ、お駄賃ねと言うときの、私の与える喜びと、むこうの与えられた喜びというものが結びつくからこそ、こんなに幸せを感じられるのだと思う。ささやかな幸せだ。大それた幸せではない。でも、両方が幸せだ。

人間には、与える喜びというものがあるんだと思う。もちろん、世の中には福祉制度が必要だけれど、みんながもらうことだけを考えていれば、組織は間違いなくつぶれてしまう。人間は、もらうばかりではいけない。

私も八十二歳だし、いつどうなるかわからないけれども、気持ちとしては支える側に回りたい。これが私の生きて行くうえの基本である。私は、お金を使いたい一心で働く。そして、稼いだお金は貯め込むのではなく、いつも私を助けてくれるみんなにおすそ分けをするために、どんどん使う。

後ろ向きなお金は使わない

私は人のためにお金を使うことが好きだが、博打をして負けたり、変な借金をしたりして、「お金を貸してください」と相談されたら、きっぱり「NO」と言う。みんな私の性格を知っているので、そんな相談をしてくることは滅多にないが、そんな後ろ向きなことにお金を使うなんて、絶対に嫌だ。

私がお金を使うのは、ポジティブなことに対してだ。特に、未来がある若者に対しては応援を惜しまない。歳をとるほど、若い人にエールを送りたいと思うようになってきた。JET日本語学校もそうだが、今後は、台湾や日本の将来を担う若者を育てていくことが私の務めだと思っている。

「この子、やる気あるな」と思った若い子に、ポンと一〇万円を渡して、台湾へ行かせたことがある。

その子は青山学院大学出身で、東大の大学院生だった。元々知り合いでも何でもなかったのだが、ちょっと話をしたときに、政治家としての素質を感じた。この子は育てがいがあると思ったので「もうすぐ選挙があるから、ちょっと情勢を見てきなさい」と、台湾へ行かせた。その後も、私が台湾へ行く際に何度か一緒に連れて行き、レポートを書かせるということを繰り返していた。そして、その書き上げたレポートを私が『正論』の編集長に紹介し、掲載を許されるレベルまで一緒に原稿を何度も書き直した。

その当時、彼は東大の博士に進むか、松下政経塾に進むか迷っていた。もちろん、将来どういう道を選ぶかは彼の自由だ。私がいくら目をかけ、多少のお金をかけていたとしても、彼に将来の選択を強いるつもりは毛頭ない。しかし、彼は結局、松下政経塾を受けることにした。そして、面接で尊敬する人物を聞かれ、「金美齢」と答えるという危うい橋を渡りながらも、見事合格を勝ち取った。

今後、彼はどのような人生を歩むのだろう。それは、神様にしかわからないことかもしれない。けれども、多少なりともサポートをすることできっかけができ、彼の前に新しい道が開け、より大きな世界が出現するとしたら、素晴らしいと思う。

第四章

小さな楽しみを重ねる、毎日の贅沢

小さなことを幸せに感じられる心

ミルクティーとクロワッサンとオレンジで始まる一日

　私の朝は、バッハから始まる。

　たいてい七時頃に目を覚まし、ベッドから起き上がったらバッハをかける。本当は八時、九時頃まで寝ていたいのだが、最近は七時前後に目が覚めてしまう。そして大好きな音楽を聴きながら、簡単に身支度を整え、電車に乗って新宿御苑の事務所へ出勤する。

　ここからが私の至福の時間の始まりだ。まずは、自分でロイヤルミルクティーを作る。台湾の紅茶を使って作るのだけれど、この紅茶は、昔日本人が日月潭《リーユエタン》という湖のほとりで栽培し始めたもので、素晴らしくおいしい。私のこだわりは、水を一滴も入れず、牛乳にその茶葉を入れて煮ることだ。

　鍋に牛乳をたっぷり注ぎ、紅茶を入れると、まろやかな香りとともに、やわらかい湯気が立ち上って、私の顔をふんわり包む。ふと顔を上げれば、窓の外には新宿御苑の緑が広がっている。このときもＢＧＭはバッハだ。

これに、おいしいクロワッサンがあると最高に幸せだ。お気に入りは、ザ・リッツ・カールトンのクロワッサン。実は初めて食べたときは、あまりおいしいと感じなかった。新入りのベーカリー担当のシェフに、おいしくないねと言ってしまったくらいだ。けれども、その後彼は一生懸命研鑽《けんさん》して、どんどんおいしくなって、今や最高のクロワッサンを作り出すようになった。

広尾のパン屋さんのクロワッサンもおいしい。行く機会があるときはたくさん買って、娘や息子の家族に分け、残りを冷凍保存している。ただし、冷凍庫がいっぱいだと、クロワッサンのあの複雑な形状を保てずに、つぶれてしまうので注意が必要だ。食べるときは、トースターで軽く焼いて、お気に入りのロイヤルコペンハーゲンの食器に盛り付ける。新聞を読んだり、テレビを見たり、そして時々かかってくる電話に出たりしながら、朝の時間が過ぎていく。長電話をした後は、ロイヤルミルクティーを温め直す。このひと手間もまた楽しい。

朝食の最後には、必ずオレンジを一つ食べる。ナイフで厚皮に切れ目を入れ、一つずつ薄皮をむき、粒を噛みしめるように丁寧にいただく。だから、オレンジを一つ食べるのに三十分はかかる。季節によっては、いただきものの旬のフルーツを食べることもあるけれど、基本はオレンジ。こんな風に、ゆっくり、ゆっくり過ごしていると、あっという間にお昼になる。だから私はお昼ご飯を食べない。朝と夜の一日二食が基本だ。

私に言わせると、五分で済ませるような朝食は、朝食ではない。ゆっくりと、自分が大好きなものを味わってこそ、一日のエネルギーが蓄えられると思う。もちろん、やむをえない事情で朝から新幹線に乗ることになり、スターバックスで何かをパッと買うようなことも、三年に一度くらいはある。けれども私は基本的には、そうならないように前泊する。つまり、お昼前後に地方で講演の予定が入った場合は、前の日に現地に行ってホテルに泊まり、朝食はゆっくりとることにしている。仕事量を減らしてでも、朝の時間を確保することは絶対なのだ。

これが私の朝のルーティーン。四十歳のときに、パリで食べたクロワッサンのおいしさに感動して以来、ずっと続いている習慣だ。朝からお米は、もう何十年も食べていない。一〇〇%のロイヤルミルクティーとクロワッサン、そしてオレンジ。これがないと私の一日は始まらない。

そういえば昔、私が早稲田大学で教えていた頃、あるアメリカの小説を学生たちに読ませたことがある。その登場人物の女性が、いろいろなことをちゃんとしないと落ち着かないという内容だったのだが、非常に読解力のある学生が、「これは彼女にとってリチュアル（儀式）です」と言った。私は、リチュアルという言葉を使うのはちょっと違うかなぁと思ったが、やっぱりそう言わざるをえないかと思い、それを認めた。しかし、今考えてみるとあれは、リチュアルではなくてルーティーンだった。最近の五郎丸選手の活躍を見て、「あっ、あれはリチュアルじゃなくてルーティーンだった！」と、胸に引っかかっていたものがようやく取れた思いである。

五郎丸選手のような生産性はないが、これが私のルーティーンなのだ。

小泉純一郎氏としたオペラ談議

昔からミーハーの私は、音楽とお芝居が大好きだ。読んでいる本の中に、音楽やお芝居の話が出てくると、「どんなものだろう？」と気になって、劇場へ足を運んでいた。そんなことを繰り返しているうちに、どんどん好きになってしまったのだ。

とはいえ、研究するようなことは一切ない。作者がどうとか、奏者がどうとか、そういうことにはこだわらず、私は、いいと思ったものを楽しむだけ。ただただ楽しむ。台湾にいた頃は、あまり音楽やお芝居を楽しめなかったので、日本に留学して何がしたいかというと、音楽が聴きたい、美術館に行きたい、本が読みたい、歌舞伎に行きたい……と、経験したいことがたくさんあった。もちろん、留学の目的は大学に入って勉強をすることだったが、実はこの欲求も大きかった。

私が来日した翌年、NHKがイタリアオペラを招聘した。NHKがイタリアオペラを招くのはそのときが三回目で、その後も何度も招いていたのだが、私は三回目以降、すべて生で聴いている。

話は少し飛ぶが、小泉純一郎氏が総理大臣になる一年くらい前に、雑誌の企画で対談をしたことがある。テーマは「金美齢と素敵な男たち」。二十一世紀に向けて活躍が期待される男性をいろいろな分野からゲストで招くという企画で、「政治家なら小泉純一郎さん」と私が指名をしたのだ。その対談の中で音楽の話になり、彼も大のオペラ好きだとわかった。

「実は私、マリオ・デル・モナコが一番好きなんです」

「そう！　僕も大好きなんだよ。NHKで放送した、あの『アンドレア・シェニエ』はすごかったねぇ」

「ええ。私、生で観ています」

勝負あった。勝った。彼がテレビで観たものを、私は生で鑑賞している。あのときの彼の驚いた顔は、今でも忘れられない。

とにかく私は本当にミーハーで、なんでも経験してみたいのだ。オペラは演劇的な要素もあるし、オーケストラの演奏も入ってくるし、何より人間の声が素晴らしい。オペラは総合芸術だから、お金を出して聴くとしたら、オペラが一番いいと思う。変な言い方だが、一番コストパフォーマンスが高いと感じる。だから、年に一度はイタリアやイギリスまでオペラやお芝居を鑑賞しに行く。しかし正直、飛行機代が高くつくので出費が痛い。日本で行われる公演は数万円なので十分高いが、飛行機代のことを思えば、まだまし。「このために働いている！」と思って、歯を食いしばり、チケットを購入している。

先日も、サントリーホールで行われたマウリツィオ・ポリーニのリサイタルを聴きに行ってきた。行けるかどうか、スケジュールが不確かだったので予約は取らず、当日券を買いに行った。すると、発売一時間半前に到着したにもかかわらず、すでに三人並んでいた。三枚しかチケットが余っていなかったら、泣いてしまいそうだ。

私の前に並んでいるのは若い男性だった。待っている間、「ここ、当日券ですか？」「今、何時ですか？」など、少し言葉を交わした。クラシック好きの好青年だった。そして、ついに列が動いたとき、前にいる彼が、「S席をください」と言った。S席は二万七〇〇〇円もする。「え？　ちょっと待って。なんでこの子がS席なのよ」と、私は驚いた。私はS席なんて買うつもりはなかった。「ピアノだから、聴ければいいし。はじっこの安い席でもいいか」と思っていたのに、この若造はS席を購入するというのだ。こうなったら予定は変更だ。一歩先んじられたし、負けちゃいられない。私もS席を購入した。席も隣になってしまったので、彼からすると、「このばあさん、僕にくっついてきた」と思ったかもしれない。

この話を友人にしたら、「そういうところでも負けず嫌いが出てくるんだね」と笑われた。私は自分では負けず嫌いだと思っていないので、おかしくておかしくて、笑ってしまった。人と競う気持ちなんてないし、負けず嫌いではないと思う。ただ、突然の出来事に「許せない」と思って、張り合っただけ。こういうのが負けず嫌いって？　え？　小泉さんとも張り合っていた？　たしかに。私は自覚していないけれど、ひょっとしたら負けず嫌いなのかもしれない。

初めての歌舞伎は十一代目團十郎の襲名披露

日本で観るべきものといえば、歌舞伎だろう。大学時代、とてもいいアドバイスを受けた。クラスメイトのお兄さんが、東大大学院の国文の博士課程に通っていたのだが、その人に「歌舞伎を観たい」と話したら、「初めて観るものを面白いと感じなければ、歌舞伎を好きにはならない。だから待ちなさい。十一代目の團十郎の襲名披露公演がもうすぐあるから、そこまで待ちなさい」と言われた。そして、お兄さんのアドバイスに従って、クラスメイトと私、そしてもう一人、中学生の頃から歌舞伎に通っているというクラスメイトと、十一代目の襲名公演を観に行った。

それ以来、その遊びなれている彼と、よく歌舞伎を観に行くようになった。夫とではなく、遊ぶときはほとんど彼。一度だけ、夫も一緒に連れて行ったことがあるが、夫はあまりはまらなかった。はまってしまうと、切符を二枚買うことになるから、ちょうどよかった。

先日も、「團菊祭《だんぎくさい》」を鑑賞してきたばかりだ。娘たちと予定を合わせて行ってきた。予定を合わせるといっても、私の予定が優先だ。娘が電話をよこして、チケットを取れそうな日程をいくつか挙げてきたが、私は候補の三日間中、一日しか空いていなかった。「みんなの都合はまだわからない」と言うので、「他のみんなの都合がどうかはわからないけれど、ママは二十二日しか空いていない。だから、それ以外の選択肢はないから。二十二日で決定でしょう」と言って電話を切った。

わがままだと言われそうだが、私はどうしても観たかったのだから仕方がない。私がここまで歌舞伎を好きになったのも、友達のお兄さんの助言があったからこそである。

何事も、最初が肝心だ。読者のみなさんも、何か興味のあることがあるならば、一番最初こそ心して臨んでほしい。少なくとも平均以上のものを体験しないと、その価値を見極めることはできない。人生で、大好きなものを見つけられるかどうかは、幸せを大きく左右する。好きなものをたくさん見つけて、味わって、幸福な人生を送っていただきたいと思う。

夕方安くなった魚を買うのが「今日のやりたいこと」

「自分のやりたいことが見つからない」という人がいるが、私に言わせると、やりたいことがないなんてお笑いだ。人間は、生きているだけでも素晴らしく幸せなことなのに、「やりたいことがない」と言って下を向いているとは、どういうことだろうか。

たとえば私の、今日のやりたいこと。それは新宿のデパ地下に夕方行って、安くなった魚を買うことだ。

実は昨日の夕方も新宿のデパ地下に行ってきた。

美容院で髪をカットし終わると、時刻は夜の七時半だった。このくらいの時間だと、ほとんどの魚が半額になる。だから私はルンルンでデパ地下へ向かった。

鯛の頭が四割引で二〇〇円。ヒラメの切り身が半額で九〇〇円。私は鯛の頭でお味噌汁を作るのが大好きなので、手をのばしてかごに入れようとした。でも、ちょっと待てよと思いとどまる。割引率でいくと、ヒラメのほうがお得だ。逡巡《しゅんじゅん》しながら店内を回っていると、なんとカレイの切り身も半額の九〇〇円で売られているではないか。しかも卵入り。う〜んと悩む。悩むことが、また楽しい。結局私は、三〇%引きのキンキと、同じく三〇%引きのキンメダイを買い、意気揚々と店を後にした。

世の中には、できることも、やりたいことも、しなくてはいけないこともたくさんある。私がスーパーモデルになりたいと思っても、身長が三〇センチ、いや、脚が三〇センチ足りないので、これはもう最初から諦めるしかない。でも、デパ地下で魚を買うというのは、私にもできることだし、やりたいことだし、食べなくては生きていけないのだから、しなくてはいけないことでもある。しかも夕方の遅い時間、割引になる時間なら、ふだんはガマンするような高級品だって手が届きやすい。ものすごくハッピーではないか。

「やりたいことが見つからない」と言っている人は、もしかしたら、何か大それたことをしなくちゃいけないと思っているのかもしれない。でも、いきなり総理大臣になりたいなんて思う必要はない。一日一日、その日のやりたいことをやる。それだけで十分だし、そういうことが幸せなんだと思う。

私は躁鬱ならぬ「躁躁病」

いつもは夜の十一〜十二時頃に寝るのだが、昨晩は十時半まで娘家族と食事をしていた。娘には、「みんな眠たそうなのに、ママが一番元気じゃない」と言われてしまった。一番年上が一番元気だと、冷やかされたわけだ。

たしかに、「金さんはいつも元気」と、よく言われる。夜、疲れて家に帰って、大好きな本を読む気が起きないこともあるが、「あぁ、くたびれた」という実感はない。ソファに倒れ込むようなこともない。

講演をするときも九十分間立ちっぱなしだし、歩くのも平気。イスをどうぞと勧められても絶対に座らない。嫌いじゃないのだ、立っていることが。だから、電車で席を譲られたときは、お礼を言って受けるのがマナーだから受けるけれども、「いや、次降りますから」とか、「大丈夫ですよ」と言うこともしょっちゅうある。

私は、落ち込むこともあまりない。大変なことが続いて、もううんざりだと思うことはあるが、落ち込むという状態にはならない。落ち込む代わりに、怒りの感情がわいてくる。「なんで私がこんなことをしなくちゃいけないの」という怒り。でも、その気持ちを収めるには、自分でどうにかするしかない。だから、落ち込みそうなことが起きたときも、解決しようと努力する。

私は、あまりテンションが変わらない人間だ。友人と話しているときも、安倍首相と話しているときも、家に一人でいるときも、基本的にテンションは変わらず、比較的高いレベルを維持している。躁鬱病《そううつびょう》というものがあるが、私は躁躁病だと思う。「私は躁躁病」と、昔から勝手に名付けている。鬱というものがないのだ。元々、私は能天気な人間である。自分がハッピーでありたいし、カンファタブルでありたい。

台湾独立運動をしていて、ブラックリストに載ったというと、辛い人生を歩んでいると思われるかもしれないが、そんなにしょっちゅう辛いことをしているわけではない。生活の九割、人生の九割は楽しいことをしている。あとの一割は、仕方がないから頑張るか、という具合だ。朝の食事に二時間も三時間もかけるような人間なのだから、ちょっといい加減というか、生活を楽しんでいないとできないと思う。だから私は幸せだ。大変なこともたくさんあるけれども、楽しいことはもっとたくさんある。これからも、もっともっと楽しいことを経験したいし、幸せでありたいと思っている。

大事なのは自分にとっての心地よさ

おしゃれ大好き。買うのはアウトレット

私が一番好きな洋服のブランドは、ロロ・ピアーナだ。イタリアの高級テキスタイルブランドで、なかなかのお値段がする。シャツを定価で買うと十数万円はするだろう。しかし、カッティングや染色が素晴らしく、着心地も最高。だから、私の洋服はほとんどがロロ・ピアーナだ。

私は、ファッションに対してこだわりがある。最も重視するのは素材のよさだ。次に染

色が美しいこと。デザインに流行は求めない。シャツ＋スカーフ＋ジャケットが私の定番スタイルなので、定価で流行りのものを買う必要はない。だからロロ・ピアーナの洋服を買うときも、名古屋の近くにあるアウトレットで買っている。アウトレットはすでに四割程度値引きされているが、そこからさらに値が引かれていないと買わない。

ファッションに対するこだわりで、さらに欠かせないのは、メイド・イン・チャイナは着ないということ。中国製品があふれる世の中において、これを貫くのは大変だ。アメリカ人が書いた本に、メイド・イン・チャイナなしで生活しようとしたら不可能だったというものがあるが、私は徹底させている。たまに人から贈られるもので、メイド・イン・チャイナのものがあると、申し訳ないが誰かにあげてしまう。

私がおしゃれに興味を持ったのは、母親の影響が大きい。母親はモダンな人で、おしゃれに敏感だった。だからその血を受け継ぐ私も、エリザベス・テーラーの真似をしてシャツの襟を立てたり、髪形を真似したりしていた。シャツの襟を立てるスタイルは、今も私の定番スタイルだ。

アクセサリーも大好きだ。髪が短いので、イヤリングをすることが多い。洋服がグリーンだったらイヤリングもグリーン、赤だったら紅珊瑚《べにさんご》という具合に、洋服とのバランスを考えて決めている。台湾はヒスイが多いから、ヒスイを身に着けることもある。でも、アクセサリーは凝り始めると、お金がいくらあっても足りなくなる。だからアクセサリーはほどよく使い回すようにして、その分、洋服に凝ることにしている。最高級のものでも、アウトレットならなんとか手が届く。

私は、基本的にアウトレットでしか購入しないのだが、一度だけ定価で買ったことがある。

娘と新宿高島屋のロロ・ピアーナで待ち合わせをしていたとき、すごく素敵な帽子を見つけた。いいなぁと思っていたら娘が到着して、「これ、ママのためにあるみたいだね」と言った。「でも、定価だし、高すぎるわ」と、その場を去ろうとしたら店員が近付いてきて、これは大きいサイズだけど、小さいサイズもお取り寄せできますと言ってきた。値段は一〇万円以上。すぐに買う気にはなれなかったが、取り寄せてくれると言うので、一応お願いすることにした。

そして後日、「小さいサイズが届きました」と電話が来た。しかし、もし本当に買うなら、高島屋のカードを使ってポイントを貯めたい。でも、私は高島屋のカードを持っていない。確か、娘はカードを持っていたので「もし買うとしたら、娘に行かせます」と答えて、娘に一応その旨を伝えた。しかし「忙しくてそれどころではない」と言われ、「あ、そう」と放っておいた。

すると、忘れた頃にピンポンと鳴り、インターホンに出ると、「ロロ・ピアーナです」と、帽子が届けられた。ちょっと時間ができた隙に、娘がデパートに行ったのだ。ただのパナマ帽子が十数万円。定価で買ったのは初めてだった。

しかし、その後アウトレットに行ったら、同じデザインの色違いの帽子が安く売られていた。悔しいから、また買ってしまった。

十数万円の帽子はとても高価だが、それも一生に一度の買い物。内需拡大に貢献するという錦の御旗《みはた》もある。こういうときにお金を使うために、働いていると言ってもいい。若い頃から、「お金は稼ぐときは稼ぐ。使うときは使う」がモットーなのだ。

スキンケアもメイクも、シンプル一筋

スキンケアはシンプルだ。洗顔をして、化粧水や乳液などの保湿剤をつけるだけ。念入りにマッサージをしたり、定期的にエステに通ったりすることはない。エステに行くのは、ごくたまに。二年に一度くらいのペースだと思う。しかしこれも、エステに行きたくて行

くというよりは、日頃お世話になっているホテルへのお返しとして、時間が空いたときに足を運んでいる感じだ。

ただ、新幹線や飛行機の中は乾燥するので、保湿スプレーをシュッと肌にかけるようにしている。愛用品は、資生堂の「肌水」。以前、飛行機に乗ったときにオマケでいただいたので使ってみたらとてもよかった。手軽に使えるし、気持ちがいい。だからそれ以来、ちょっと肌が乾燥していると感じたらこまめに吹きかけている。あと、唇にはメンソレータム。ふだんは口紅を塗らないのでずっと愛用していて、「メンソレータム中毒」と言っても過言ではない。

化粧は、ほとんどしない。テレビに出るときは、テレビ局のメイクさんが化粧をしてくれるが、近所に出かけるときは基本的にすっぴんだ。でも、テレビに出るようになってからは、娘に「ちょっとママ、そこらへんに行くだけだからって、変な格好をしていたらダメよ。誰に見られているかわからないんだから」と注意される。そのため、眉毛は描くようにしている。大学生の頃も、眉毛をちょっと描いて、口紅をつける程度だった。厚化粧は一切していない。

そのせいか、「肌がきれいですね」と褒められたり、「佐伯チズさんですか?」と間違われたりすることがある。佐伯チズさんは、美肌で知られる美容家の方だ。彼女も白髪でショートカットなので、印象が似ているのかもしれない。美肌で有名で、しかも十歳も年下の彼女に間違われるなんて光栄なことだ。

もちろん、若い頃に比べればシミやしわは増えた。数年前に白内障の手術をして、視界がクリアになったときは、あまりにシミとしわがはっきり見えてがっくりきた。だけど、これは自然の営みなのだから仕方がない。それが、人間の年輪というものだ。

自分がおいしいと思うものこそ、健康にいい

世の中にはいろいろなダイエット法が出回っている。いかに簡単に、たくさん体重を落とせるか。そればかりが重視されて、健康がなおざりになっていないか危惧している。

単品ダイエットはその代表格だろう。バナナやリンゴなど、手を替え品を替え次々に登場するが、そもそも同じものを食べ続けて健康を保てるわけがない。こんなことは、医学の知識がなくても誰にでもわかることだ。無理なダイエットをすることで、逆にリバウンドをしてしまったり、肌が荒れたり、ときには命を落したりするケースもある。ダイエットをするのは、きれいになって幸せを手に入れたいからではないのか。それなのに手段を

誤ることで、真逆の結果を手にしてしまっては本末転倒である。

ダイエットは、真っ当な方法で行うにかぎる。おいしい食事をバランスよく、適量食べる。当たり前すぎて、つまらないと思うかもしれないが、これに尽きる。

私自身、産後は少し体重が増えたが、基本的にはあまり体重が変わらない。無理なダイエットをして自分をいじめるのは嫌いなので、「よし、明日からダイエットをするぞ！」と、突然生活を変えることもない。いつも、ガマンせずに食べたいものを食べるようにしている。私があまり太らないのは、もちろん体質の問題もあるだろうが、量に気を配っていることが大きいと思う。私は食べるのが好きなので、てんぷらやハンバーガーなど、カロリーの高いものでも、おいしいと思うものは気にせずに食べる。しかし、暴飲暴食をすることはない。たまに、台湾に行ったときについつい食べすぎてしまうことはあるが、ふだんの生活では適量を守っている。お腹がパンパンにふくれるまで食べないと満足できないという人も、少しずつ量を減らしていけば、いつの間にかそれがふつうになるだろう。

私の経験をお話しすると、若い頃はかなり甘党だったので、紅茶やコーヒーに砂糖を三杯入れていた。けれども、さすがにそれでは体によくないと思い、入れる量を減らすことにした。いきなり一杯にするのはきついが、三杯を二・五杯に減らすなら、なんとかなる。

そして、二・五杯に慣れてきたら二杯にし、少しずつ少しずつ、自分の舌を慣らしていった。おかげで、今は砂糖を入れるとしてもスプーン四分の一か五分の一で十分満足できる。

私は、自分がおいしいと思うものは、必ず健康にいいと信じている。サプリメントで栄養を補う人がいるが、それでは食事をすることが義務になってしまう。たしかに、食事は栄養を摂取するうえで欠かせない行為だ。しかし、一般的に人は一日三食食べて、それを毎日繰り返して生きている。それらが義務感で行われるようになったとしたら、人生は味気ないものになってしまうだろう。

本当においしいものを、おいしいと感じられる量だけ、ゆっくりいただく。それが結局、増えすぎた体重を落とすことにつながるし、幸せを感じられる最もシンプルな方法だと思う。

自分にとって心地よいことはガマンしない

ダイエットもそうだが、私はあらゆることに対してガマンをするのが嫌いだ。おいしいものは食べたいし、面白いお芝居は観たい。自分が心地よくなれることに対して、ガマンをしたくない。

それは、周りの人間に対しても同じだ。本当はやりたいことを、なんだかんだ理由をつけてガマンしている人には、「やりたいなら、やりなよ」と勧めてしまう。

夫の周は、お酒とたばこが好きだった。お酒はかなり強く、どんなに飲んでもほとんど乱れない。しかし、彼の母親はキリスト教徒で、彼もキリスト教の家に育ったものだから、「お酒とたばこはダメだ」と自分に言い聞かせていた。本当は大好きなのに、キリストの教えを守ろうと必死にガマンしているのを知っていたので、結婚をしたとき、私は彼にこう言った。

「お酒もたばこも、本当は好きなんでしょう？　だったら、いいじゃない。ガマンすることないわよ」

結婚をして、お酒とたばこをやめるように言う奥さんは多いだろうが、逆に勧める人間は少ないだろう。しかし、自分にとって心地よいことをガマンする必要はないと思う。もちろん、他人に迷惑をかけてはいけない。しかし、お酒とたばこくらいなら、許されるだろう。

それから彼は、お酒もたばこも、心おきなく楽しんだ。たばこは、子どもが生まれたこともあり、途中で吸うのをやめたが、お酒は最後まで好きだった。息子もお酒が強いので、家族で集うときは、二人で楽しげにお酌し合っていた。父親にとって、息子と晩酌をするのは一つの夢だと思う。だから、下手にガマンすることなくお酒を飲めたことは、彼にとっても幸せだっただろう。

ちなみに、私はお酒をほとんど飲めない。食べ物になにかとお金がかかる私だが、お酒だけは安上がり。それでも、旦那に付き合って飲んでいるうちに、多少は飲めるようになった。家族で食事をしたときにビールを注文すると、息子に、「えっ、すっかりのんべえじゃん」と冷やかされる。

でも、そんなことを言い合えるのも家族だからだろう。「失礼ね」と笑顔で言い返す私と、ケラケラ笑う子どもたち。そういうひとときが家族の肖像なのだ。

歳をとるのは素敵なこと

「美齢」はビューティフル・エイジング

「アンチ・エイジング」という言葉が流行っている。「アンチ」は抗《あらが》う、「エイジング」は加齢という意味なので、直訳すると「加齢に抗う」。つまり、いつまでも若々しくあるために行う行為のことを「アンチ・エイジング」と言うらしい。美しくありたいという気持ちはわかるけれども、私はアンチ・エイジングという言葉が好きではない。

人間はみな平等に、一年ずつ歳をとっていく。これはごく自然な営みだ。それにもかかわらず、なぜ、歳をとることにアンチしなくてはいけないのだろうか。アンチエイジングという言葉を聞くと、「何で歳をとることに逆らわなくちゃいけないのよ。そんなの不自然でしょう」と思ってしまう。

私の名前は金美齢だ。「黄金に輝く、ビューティフル・エイジング」である。だから、私のキャッチフレーズはビューティフル・エイジング。歳をとることに抗うのではなく、美しく齢を重ねていきたいと思っている。

私は歳の割に元気なので、「健康法は?」と聞かれることが増えてきた。けれども、運動らしい運動は一切していない。若い頃は水泳やダンスをしていたが、大人になってからジムに通ったり、ヨガを習ったりしたことはない。コツコツ努力するのは向いていないので、スポーツクラブに入会しても、どうせ通わずにお金の無駄になると思う。

その代わり移動する際は、車ではなく電車を使って、なるべく自分の足で歩くようにしている。二、三階なら、エレベーターやエスカレーターを使わずに階段を上るし、電車の中でもできるだけ立つようにしている。

そして私には付き人やマネージャーがいない。移動はすべて一人だ。講演で地方へ行くときも自分でキャリーバッグを転がし、公共の交通機関に乗り込む。

しかも、年に一度は、オペラを観るために一人でイタリアまで行ってしまう。周りには「ええっ、金さん一人?」と驚かれるが、どうってことはない。一人のほうが自分の時間を持てるし、人を煩わせることもないから一挙両得。これが多分、今のところ私の運動代わりなのだと思う。

運動はしていないが、体のメンテナンスには多少気を配っている。出張をしてホテルに宿泊するときは、その晩、なるべくマッサージを受けて、移動の疲れをその日のうちにリセットするようにしている。よく行く地方には定宿があり、それぞれに、お気に入りのマッサージ師さんがいるので、「港港に女あり」ならぬ「ホテルホテルにマッサージ師あり」だ。

ホテルでマッサージを受けるのは、贅沢に思われるかもしれないが、人間の資本は健康だ。私が来日した頃、外国人は健康保険に入れず、病気になっても健康保険が使えない身だった。だから、もし病気になるとお金がたくさんかかる。健康を保つことこそが、最大の倹約になると思っているし、健康でいることは、自分の仕事に責任を持つということだ。日本の女性は働き者なので、仕事も家事も育児も、どれも手を抜かずに頑張っている人が多い。そのため、少し体調が悪くても無理をして働き、結局、寝込んでしまうこともあるだろう。しかし、それでは職場にも家族にも、かえって迷惑をかけることになる。そうならないためには、ふだんから自分の体調管理を徹底しておかなくてはならない。自分が元気になれると思うなら、お金を出してヨガに通ったり、週末に温泉に行ったり、少々贅沢なお金の使い方をすることも必要だろう。

私の仕事は一人商売。金美齢事務所の商品は、金美齢だけだ。だから、商品価値が落ちないように、メンテナンスをしている。世の中の女性も、どうか自分の体を大切にしてほしい。そして年齢に抗うことなく、美しく歳を重ねていってほしいと思う。

白髪ショートカットがトレードマークに

私は生まれてこのかた、髪の毛を染めたことがない。髪の毛を傷めつけていないせいか、髪質はいいほうだ。歳の割にはコシがあるし、抜け毛も少ない。白髪も天然で、脱色しているわけではない。歳を重ねるにつれて、自然なスタイルが美しいと思うようになってきた。若い頃はカーリーヘアに憧れていたのでパーマをかけたこともあるが、途中からパーマをかけるのもやめて、黒髪のロングヘアを保っていた。

黒髪のロングヘアは、とても気に入っていた。しかし四十歳くらいから白髪が生えるようになってきた。髪の内側に隠れているのでふだんはあまり目立たないのだが、髪をパッとかきあげると白髪がお目見えする。その頃はまだ、早稲田大学で講師をしていたのだが、あるとき、優等生の女の子が近づいてきてこう言った。

「先生、なんてあだ名を付けられているか知っていますか？　砂かけばばあですよ」

私は砂かけばばあが、どういう妖怪か知らなかった。そこで娘に「ねぇ、砂かけばばあって、どんな妖怪？」と聞いてみた。すると、「『ゲゲゲの鬼太郎』に出てくる妖怪で、敵に砂をかけて逃げる」と言う。強いかどうか聞いてみたら、「あんまり強くない」と。強いのであれば、砂かけばばあでもいいけれども、弱いのなら嫌だ。だから、じゃあ、やめたと思って、スパッと髪を切った。

髪の毛を最初に切ったのは、イタリアへ行ったときだ。オードリー・ヘップバーンが『ローマの休日』で髪を切ったシーンに憧れていたので、私もやってみたいと思い、真似をした。ニューヨークで切ってもらったこともあるが、あまりピンと来なかった。それから日本で、路地裏にある、女性が一人で営業している美容室に行ってバッサリ切ってもらったらとても気に入り、それ以来ずっとこの髪形だ。

テレビに出演し始めた五十九歳のときには、すでに白髪のショートカットだったので、この髪形は、すっかり私のトレードマークになっている。しかし、砂かけばばあが、もしも強い妖怪だったら、ひょっとしたらまだロングヘアだったかもしれない。

そういえば、娘から最近こんな話を聞いた。小学校の同窓会を数十年ぶりに開催したそうで、以前、同じマンションに住んでいた男の子と久しぶりに再会したそうだ。彼は、小学校一年生のときに娘と同じクラスだったのだが、その彼がなんと、「僕の初恋は、君のお母さんだよ」と言ったそうだ。私の長い黒髪が素敵に映ったらしい。娘自身は「Mちゃんは男の子みたいだったよね」と言われたと笑っていた。ウソか本当かはわからないけれど、うれしいではないか。私の黒髪に恋心を抱いてくれるなんて。

記憶力は落ちても人間力は成長する

「歳をとるのは勲章」と思っているが、当然、「あぁ、私も歳をとったわね」と、がっくりくることもある。

たとえば、数字を忘れやすくなった。若い頃なら、一度聞いた数字はすぐにインプットできたので、手帳を見なくてもアポイントの予定を正確に把握していた。しかし最近は、電話で打ち合わせの日時を決めても、しばらくすると、「あれ、いつだったかな?」と思うことがある。そして手帳を確認して、「あぁ、そうそう、水曜日の十四時ね」と思い出す。


このように、たしかに記憶力は下降の一途をたどっている。

しかし、だからといって歳をとったことを嘆くことはない。なぜなら、これは対策さえとればクリアできることだからだ。具体的には、必ずメモをとる、相手にメールを送ってもらうようにお願いをして記録を残しておくなど、いくらでも方法はある。私は、これらの方法に加えて、事務を手伝ってくれているスタッフと情報を共有し、リマインドしてもらうようにしている。

だから私は、歳をとることをまったく悲観していない。失うものはあるけれども、代わりに得るものがある。記憶力は低下するかもしれないが、人間が幸せに生きていくために必要な、想像力、分析力、理解力、読解力、判断力、洞察力。これらは歳を重ねるごとに、衰えるどころか、むしろ成長していると思う。無駄に歳をとらなければ、人間はいくつになっても成長できるのだ。

では、無駄に歳をとらないとはどういうことだろうか。それは、ちゃんと本を読み、新聞を読み、必要なところには出かけて行って人に会うこと。そして、おいしいものを食べて、美しい音楽を聴き、心に栄養を与えることだろう。一日一日を無駄にせず、自分が心地よく思えることに時間を費やしていれば、必ず、人間は成長を続けられる。

息を引き取る最期まで働いていたい

すでに八十二歳の私は、当然死を意識することがある。死に対する恐怖心がないと言えばウソになる。誰だって死ぬのは嫌だ。死を喜ぶ人はどこにもいない。だいたい、死んだ後に、業火に焼かれるのが恐ろしいではないか。でも、人はみな同じコースをたどるのだから、私だけ死ぬのは嫌ですと言うわけにはいかない。

いつ終わりを迎えるかはわからない。せめて平均寿命までは生きたいと思っているが、それは神様が決めることだから、お任せするつもりだ。

ただ、娘や息子には、無理な救命はしないでほしいと伝えている。「いろいろな管につながれて生きるのは絶対に嫌だ。もう助からないと思ったら放っておいて」と。そうしたら息子に、「助からないかどうかわからないじゃないか」と言われてしまった。たしかにそうだ。延命した結果、奇跡的に回復する人もいる。「もう絶対に助からない」と正確に判断するのは医師でも難しいだろう。でも、寝たきりの植物状態で生きるのは絶対に嫌だ。私は「口から生まれた」と言われるくらい、人と話すことが好きだし、思考することが好きだ。それを奪われた状態で生きながらえても幸せとは言えない。

理想的な逝き方は、ピンピンころり。私のキャッチフレーズは、「バラ色の老後、陽気な終活」。にっこり笑って死ぬのが理想だ。たとえば壇上で満場の聴衆を前に「ご静聴ありがとうございました」と頭を下げて、ぱたっと逝く。こういう最期だったら本望だ。しかし、これは現実的には主催者にも聴衆にも迷惑をかけるだろう。人に迷惑をかけて逝きたくはない。

迷惑をかけずに生きて、最期のときを迎えるためには、当然お金が必要だ。老後の資金は、若い頃から貯めておかなくてはならない。

私自身は、年金をほとんどもらうことができない。以前、外国人は国民年金に加入できなかったし、夫が営々と積み立てた私学共済も、彼が亡くなった後、私に収入があったので受け取ることができなかった。本当に、損ばかりしている。今の世の中は、頑張って働く人が損をして、働かない人が得をするケースが多い。ちょっと不合理だなぁと思うが、でもいい。その分、私は働くから。私は最後の最後まで現役で、人生をエンジョイしたいと思っている。

独居老人になって手にした一〇〇%の自由

子どもたちとの三世帯同居を解消し、連れ合いも亡くした私は、独居老人だ。

私が一人残されることは予想していなかった。周の家系は長命で、私の家系は短命だから、私のほうが先に死ぬと思い込んでいた。

しかし、今思えば、これでよかったのかもしれない。なぜなら、私は一人でも生きていけるが、夫は私に先立たれたら上手に生活できなかっただろう。そうなると、その負荷が子どもたちにかかってしまう。特に娘は父親とラブラブだったので、独り身になった父親のケアが、彼女にのしかかることは明らかだ。だから、誰も決して、夫に早く死んでほしいなどとは思っていなかったけれども、順番としてある意味、家族の平和のためにはよかったかもしれない。

「独り身で、さぞお寂しいでしょう」と言われることもあるが、それはない。「自分では平気だと思っていても、実はダメージを受けているのでは?」と勘繰られることもあるが、それもない。なぜなら、私は今、一〇〇%自由だからだ。

もちろん、旦那が死んでうれしいわけでは決してない。毎日語り合う時間、おいしいものを食べて笑顔を送り合う幸せ、それらはもう二度と手に入らないし、とても悲しいことだ。けれども、その代わり、私は一〇〇%自由な生活を送っている。

今の私は、自分が何をするか、全部自分で決めている。誰に相談する必要もなく、自分の責任で好きなように生きている。旦那が生きている頃も十分自由に生きてはいたけれど、私は今、その自由をさらに謳歌《おうか》しているのだ。この自由は絶対に失いたくない。だから、「私も再婚でもしたいわ」と冗談で言ったことがあるけれども、まったくもって本心ではない。どんなに若いイケメンが寄ってきても、お断りするだろう。もっとも、実際は誰も寄ってくるはずがないけど。

私が、独居老人でも全然寂しくないのは、毎日することがあるからだと思う。仕事がなくなったら、寂しくて死んでしまうかもしれないが、幸い、忙しい毎日を過ごしている。この歳になっても納税をして、世の中を支える側に回っているというのは、人間としての矜持《きょうじ》であり、誇りであり、自信だ。

　私は永遠のフリーターなので、これだけ歳をとっても働いているが、多くの方はリタイアしている歳だと思う。けれども、「毎日すること」は、必ずしも仕事である必要はない。公園を散歩したり、お友達とお茶を飲んだり、趣味に没頭したり、なんでもかまわない。大切なのは、家の中に引きこもらないこと。社会の一員として経済にもいくばくか寄与しながら自立して生きる。そんな高齢者が増えれば、社会はもっと元気になるだろう。

第五章

日本って本当に素敵な国

再び「日本人」になった私

私が日本国籍を取得した理由

二〇〇九年に、私は日本国籍を取得した。台湾独立運動に半生を懸けてきた私が、なぜ台湾を捨てたのか？「どうして今さら？」「台湾独立運動を諦めたの？」「台湾人を裏切るの？」。そう思われる方も多いだろう。しかし、このときの私は、台湾にほとほと愛想が尽きてしまったのだ。愛してやまない相手に想いが届かず、「もういいや」という思い。むしろ私が台湾に捨てられた、というほうが正しいかもしれない。

二〇〇八年の台湾の総統選挙で、台湾は再び中国人の手に渡った。八年間続いた民進党が大敗を喫し、中国人による国民党が政権を掌握してしまったのだ。せっかく進んでいた台湾独立への歩みが大きく後退した瞬間だった。

台湾で選挙の行く末を見守っていた私の元には、多くのマスコミが押し寄せた。なぜか彼らは、私が空港に現れるスケジュールを知っていた。そして私は宣言をした。

「私、台湾人をやめます」

バッシングを受けるのはわかっていたが、言わずにはいられなかった。それくらい私は怒り、失望していた。

私はずっと、国民党が勝ったらおしまいだと言い続けてきた。しかし台湾の人々の心には届かなかった。「なぜ、台湾人は自分たちの国を守ろうとしないの？　かつて国民党にされた数々の悲しい出来事を忘れてしまったの？　目先の経済を優先して中国に擦り寄ったら、いつか吸収されるとは思わないの？」。さまざまな思いが胸に渦巻いていた。

一九四五年に国民党が台湾を支配して以来、台湾の人々は物言えぬ恐怖におののいてきた。「台湾」という言葉を発することすら許されない厳しい戒厳令の下で、多くの人が台湾の独立を望んでいた。それなのに、日本で自由に暮らしている私が台湾のために行動をしないのは卑怯だと思った。物言えぬ台湾人のために、私が代弁者とならなくてはいけない。その思いを胸に、私は台湾独立運動に半世紀近く身を投じてきた。

しかし、民主化が進んだ台湾で、選挙によって選ばれたのは国民党だった。台湾の人々が、自分たちの意思で選択した未来だ。もはや私の出る幕ではない。いつの間にか少数派になってしまった私は、台湾から捨てられてしまったのである。

二十五歳で来日して以来、私はいつでも日本国籍を取得することができた。しかし、それは私にとって「逃げ」に思えた。日本人になるのは簡単な道だ。幸せにもなれるだろう。けれども、多くの台湾人が自由を奪われ苦しんでいるのに、私一人だけ救われるのは卑怯だと思った。台湾独立を訴える台湾人が、さっさと日本国籍を取得するなんて、おかしいではないか。私の元来のツッパリ精神が、そうさせていたのだ。

しかし、二〇〇八年、台湾は台湾であろうとする未来を放棄した。そう私には見えた。独立運動から足を洗ったわけではなかったが、このとき、私の心は台湾とひとつの決別をしたのだ。

日本国籍を取得した私にとって、これからは日本が最優先である。残りの人生は、日本がよりよい国になるように、微力ながら努力していきたい。それが、パスポートすら持たないさすらいの台湾人だった私たち夫婦を、ずっと守ってきてくれた日本への恩返しだ。

国に守られて生きていることに鈍感すぎる日本人

日本のことを大切に思うからこそ、あえて私は苦言を呈したい。今の日本人は、甘えている。日本という国にどれほど自分が守られているか、まったくわかっていない。

たとえば、親元を離れて一人暮らしを始めると、「親がいない生活を体験してみて、初めて親のありがたさがわかった」と感じることがあるだろう。ともにあるときは当たり前すぎて、どれほど恩恵を受けているかわからないけれど、いざ失ってみると、ありがたさがわかるということだ。

私は、国を失うという経験をしている。だから、国があるありがたさ、そして国家の庇《ひ》護《ご》のもと自由に生活することが、どれほど幸せなことなのかを承知している。しかし、今の日本人で、日本国に感謝の念を抱いて生活している人は、ほとんどいないのではないだろうか。

二〇一六年の春に起きた「保育園落ちた日本死ね!!!」の騒ぎは、その典型だ。

私自身も、子どもたちを保育園に預けることができなかった。だから、保育園にNOと言われたお母さん方の気持ちはよくわかる。大切な我が子を預けてまで働きたいと言っている人間を、なぜ拒絶するのか？　文句を言ってやりたくなる気持ちは理解できる。けれども、その前にあらためて考えてほしい。働きたいと思わせる雇用を築いている存在は何なのか？　子どもの将来に思いをはせる自由を与えてくれているものは何なのか？　それは、日本という国である。

もしも、本当に日本が死んだら、日本人は誰一人として生きていけない。そのことが、わかっていないのではないだろうか。熊本で地震が発生したときも、国が出動したおかげで多くの命が救われた。今後復興するためにも、政府の力が欠かせない。日々の生活はもちろん、災害時などの非常事態においても、政府があるおかげで私たちの生活は成り立っているのだ。

それがわからないくらい、今の日本人には、想像力も、読解力も、分析力も、洞察力も不足している。その原因は、やはりぬるま湯につかっているからだと思う。戦後、日本は戦争することも、侵略されることもない恵まれた日々を過ごしてきた。苦労する機会が少ないからこそ、自分の生活を脅かす事態に直面すると声高に文句を言うのだ。今、どれだけの国の子どもたちが、水を汲《く》むために一日の大半を費やしているか？　日本のように徴兵制がない国が珍しいことを知っているのだろうか？　世界に目を向ければ、日本がいかに恵まれているかわかるだろう。

不平を並べるのでなく、できることから始める

私は以前『朝まで生テレビ！』（テレビ朝日系）でこう言ったことがある。「国にしてもらうことばかりを考えないで、自分が国に何ができるかを考えなくてはいけない。かつて

ケネディが言ったように」と。

日本に文句を言う人は、自分が日本にできることをきちんとしているだろうか。たとえば選挙。選挙が近付くと、テレビの街頭インタビューで、「選挙に行きますか？」と聞いて回るシーンをよく目にするが、「面倒だから行きません」「自分が一票入れたくらいでは変わらないから行きません」と答える人がいる。欠かさず投票している人にしても、自分の大切な一票を投じた人が、当選した後、どのような活動をして、どんな成果を残したか、結果を確認している人は少ないのではないだろうか。もし本当に、日本によりよい国になってほしいと思うなら、これらは当然、国民としてすべきことである。

私がかねてから思っているのは、民主主義は人を堕落させるということだ。民主主義の下《もと》に生きる人間は、ある意味ではきちんとルールを守って、権利と義務のバランスを保たなくてはいけない。ところが、権利ばかりを主張する人間がどんどん増えていって、それが当たり前のようになってしまうことがある。むしろ、国民としての義務を果たしていない人間のほうが、権利ばかり主張しているように思う。

私が言いたいのは、不平を並べ立てるのではなく、できることから始めてみようということだ。私自身も、台湾独立運動をしていた頃に、「台湾が独立するなんてありえない。

だから自分は、そんなありえないことをやるつもりはない」と言われたことがある。けれども、私はこう言い返した。「たしかに、ありえないことかもしれない。それでも私はやる。始めなければ、確実に変わらないのだから」と。

「劣情」を煽っても誰も幸せになれない

日本人が国に甘え、国のありがたさを見失う要因はマスコミにもある。「保育園落ちた日本死ね!!!」もそうだが、マスコミは何かセンセーショナルなことが起きると、それが正義と言わんばかりに煽《あお》り、やっかみや嫉妬、ひがみなど、私に言わせたら「劣情」に訴える。問題はすでに横たわっていたにもかかわらず、糾弾するきっかけを得た途端、大事《おおごと》にして国民に刷りこむのだ。

今年は、著名人による不倫問題も世間を騒がせているが、手のひらを返すマスコミの態度も好きではない。それまで散々持ち上げておいて、何かあった途端にこき下ろす。これは卑怯だと思う。

以前、あるタレントが経歴を詐称して、マスコミにバッシングされたことがあった。テレビ的に面白い人だったので、当時はちやほやされていたが、問題が発覚した途端みんな手のひらを返した。それまでは何かにあやかろうと、ごまをすっていたくせに、一斉に攻撃する側に回るのだ。もちろん、経歴を詐称するのは悪いことだが、私は「どうしてこんなにバッシングしなきゃいけないの」とシラケていた。そんなことをしても、誰も幸せになれない。劣情を植え付けて不幸が蔓延《まんえん》するだけである。

「負けて悔しい」と思う気持ちは大事

劣情を植え付けるのは反対だが、それは競争を否定することではない。誰かに負けて悔しいと思う気持ちは、劣情ではなく成長を促す健全な感情だ。

最近、小学校の運動会でも、徒競走で順位を付けないことがあると聞く。しかしそれは間違っている。

私は、全部一緒は不公平だと思う。メリハリを付けることこそが公平だ。みんなでお手々をつないでゴールインというのはフェアではない。走るのが速い子がいたり、遅い子がいたりするのは、ごく当たり前のことだ。能力がみんな一緒ということはありえない。だから、それぞれの能力を正しく評価して、足が速い子には一等をあげることこそがフェアなのだ。走るのが速い子から、脚光を浴びるチャンスを奪うのはかわいそうである。走るのが遅い子は、勉強を頑張ったり、音楽を頑張ったり、自分の得意な分野で一等を目指せばいい。

うちの孫娘たちは、お姉ちゃんは足が速いが、妹は今一つだった。小学生のとき、リレーの選手になれなかったのが悔しかったのか、妹は中学校で陸上部に入った。私は別に、他のことで頑張ればいいと思っていたが、「お姉ちゃんに負けていられない」と言って彼女は練習に励んでいた。

ある日、みんなで食事をするために、お店の前で集合をしたときのこと。妹は走って来たのだろう。その場に立って待つのではなく、足踏みをして両腕を前後に振りながらそこにいた。それを見たとき、「この子、頑張ってるな～」と胸が熱くなった。決して、オリンピックに出られるわけではないが、それでもいいではないか。悔しいと思って、何かを頑張る。若い人にとって、それはとても大切なことだと思う。

だから、私は競争賛成、順位を付けることにも賛成だ。世の中は、そういうものだと学ぶことも大切だし、競争することで努力する姿勢も育まれるだろう。

せっかくこの国に生きているのだから

日本のフルーツは世界一おいしい

二〜三年前に、コメンテーターとして出演していた番組でTPPの話題が出たときに、私は「日本はもっと攻めるべきだ」と発言した。日本の農作物は本当に素晴らしい。日本で農業に従事している方々は研究熱心で、どんどんよいものを生み出している。だから、多少輸入品より値が高くても、買う人はたくさんいるだろう。

たとえば、私は毎朝オレンジを食べているが、昔はアメリカからの輸入オレンジしかなく、とても高かった。それが輸入自由化で、日本のみかん農家が潰れると大騒動になったが、自由化で安くなってもみかん農家はなくなっていない。愛媛県産のオレンジの、あのおいしさったら、ない。あんまり私が宣伝して回るものだから、松山に本店がある伊予銀行の頭取が、「いつも愛媛県のかんきつ類を宣伝してくださってありがとうございます」と、オレンジを贈ってくださったほどだ。

オレンジ以外にも、大好きなフルーツはたくさんある。岡山のマスカット・オブ・アレキサンドリアは、宝石のように美しくて、味もみずみずしい。一房五〇〇〇円～一万円くらいはすると思う。高くてあまり買えないので、誰か贈ってきてくれないかと、いつも期待している。山形のサクランボも絶品だ。お金持ちの知人は、サクランボを食べるために台湾から日本にやって来ることさえある。

日本は、もっと日本のフルーツを世界にアピールすべきだ。世界の富裕層が旬のフルーツを食べるために日本に集合するなんて、すごいことではないか。これをメディアが発信すれば、必ず真似をする人が出てくるだろう。それなのに、「輸入品が入ってくると困る」と言ってマイナスからスタートするのは、日本人の悪い癖だ。もっと自信を持って攻めていけばいい。

当然、台湾でも日本の農作物は人気が高い。中でもリンゴのおいしさは有名で値も張る。私が日本から台湾へ来ているのに、何かのお詫びの印だと言って渡されたのが日本のリンゴだった。「もうやめてよ。私、日本から来てるんだから」と思ったが、それくらい日本のフルーツは特別なのだ。

憧れの国アメリカで日本のよさを痛感

私は元々アメリカに憧れを抱いていたが、初めて行ったときに、あらためて日本のよさを痛感した。アメリカは、食べ物がおいしくないし、治安も悪い。妹がアメリカのフラッシングに住んでいたのでしばらく滞在したのだが、楽しみにしていた音楽やお芝居を満喫することができなかった。郊外だったせいもあり、夜お芝居を観て地下鉄に乗って帰ろうとすると、みんなから「危ない」と言われた。仕方がないから、歓迎にごちそうすると言ってくれた友人に、代わりに、劇場へ迎えに来てもらうことをお願いした。二、三人が各々一回ずつ順番を決め、お芝居を観終えた私をピックアップするのだ。

ブロードウェイに行くまでの道のりは長い。そして妹の家があるフラッシングまで私を送り、それからそれぞれの自宅まで戻るのには、気の遠くなるような時間がかかる。だから一回だけ甘えることにした。

こんな思いまでして鑑賞しても、心から楽しめるはずがない。アメリカへ行くのが初めてだったからみんなも手助けしてくれたけれど、こんなことが永遠にできるわけがない。だから、私にとってアメリカは住むところではないと思った。

やっぱり、日本がいい。毎日素晴らしい音楽会が開かれているし、翻訳文学のレベルも世界一高い。美術展も多い。そういうものを安全に楽しめる日本は最高だ。ただし、私はモナ・リザやミロのヴィーナス、『着衣のマハ』が上野で展示されたときには、出かけなかった。美しい絵や彫刻は、あの混雑の中では鑑賞できないと思ったからだ。

日本は基本的にライフラインが完備されている。電気や水道、いざとなれば生活保護も受けられる。長年外国人だった私には、日本がいかに恵まれているかがわかる。

たとえば、日本のパスポートを持っていれば、ビザなしで行ける国が約一七〇ヵ国もある。台湾はそれより少ないし、私が来日した頃は本当に少なかった。この差は、世界からの信頼度と言い換えることもできる。日本人は、日本人であるというだけで、世界から歓迎されるのだ。広い世界に、簡単に飛び立つことができる自由さ。その幸せを決して忘れないでほしい。

コツコツ努力すれば、必ず誰かが発見してくれる

日本は大学進学率も世界トップクラスであり、将来を選択する自由にあふれている。志した道をひたむきに歩めば、一〇〇%とまではいかなくても、八〇%は叶うと思う。

私自身は、ジャーナリストになりたかった。今の私はジャーナリストではないが、雑誌に寄稿することもあるし、ある程度は叶ったと言えるだろう。

日本社会のいいところは、本当に何かを持っている人は、いつか誰かが必ず発見をしてくれるところだ。何かというのは、才能はもちろん、諦めない心や、コツコツ努力する力などいろいろだ。

私の知人に、鳥居民さんという作家がいる。前にもお話ししたが、夫に逮捕状が出たときに逃避行を支えてくれた恩人だ。彼は敗戦の年の日本をテーマに、『昭和二十年』という作品を書き続けていた。「第一部＝1」を出版したのが一九八五年で、「第一部＝13」を二〇一二年に出版した。結局物語は未完のまま二〇一三年に亡くなったが、執筆は約三十年間続いた。

鳥居さんのデビュー作は『毛沢東　五つの戦争』。専門家からは高い評価を受けたが、一般的には注目されなかった。しかしそのうちに、「中国問題に鳥居あり」とブレイクした。彼の口ぐせは「野に遺賢あり」だった。彼自身がまさにそういう存在だった。才能を発揮するチャンスは必ず訪れる。そのタイミングをうまく捉えることが肝要なのだ。

せっかく日本という素晴らしい国に生まれたのだから、夢や目標もなく人生を終えるのは、もったいない。何も、今さら女優を目指せと言っているわけではない。そんな大それたことを夢見なくても、幸せにはなれる。「転職をしてキャリアアップしたい」「素敵な人と結婚したい」「マイホームを持ちたい」など、人によっていろいろな夢があるだろう。その夢に向かって努力してほしいと思う。たとえ失敗しても、日本は何度でも仕切り直しがきく。それもまた日本社会のよい点である。幸せへの切符は、常に自分の手の中にあるのだ。

終章

明日は今日より幸せに

「フェアであること」が私の美学

学校の経営危機でも人を切らなかった

二〇一一年に東日本大震災が起きて、JET日本語学校は経営危機に瀕《ひん》した。多くの在校生が母国に帰り、入学予定者たちからはキャンセルが相次いだ。定員一五〇人のうち、残ったのは二〇人程度。私はすでに校長を退き、理事長を務めていたが、校長やスタッフたちは「もう潰れてしまうんじゃないか」と不安に駆られていた。

そんなある日、校長が会議の席で、「経営のバランスが問題です。このままでは学校が潰れてしまいます。残念ですが当分の間、非常勤講師の数を減らすしかありません」と言った。しかし私は「それは違う」と答えた。

非常勤とはいえ、ここで支払われる給料が生活を支えている人もいる。たとえ結婚して、立派な旦那さんがいて、生活には困っていない人でも、週に二回、ここで授業を行うライフスタイルが定着しているはずだ。そういう人たちに、お引き取りくださいというのは間違いだと伝えた。しかも、よい教師を育てるのはそんなに簡単なことではない。これだけ長いこと、みなさん、学校のために頑張ってくれているのに、経営が成り立たないから、じゃあお引き取りくださいというのは間違っている。

そして私は、次のようなことを提案した。

「生徒が減るから授業数も減ります。その授業は、常勤のあなたたちではなくて、非常勤教師たちにやってもらいましょう。その分、常勤のあなた方は暇になります。だったら、その時間を今までできなかったことに使いなさい。忙しくてできなかったことがいろいろあるでしょう。それをやりなさい。私は、一人も首を切るつもりはありません。唯一首を切るとしたら、それは理事長の私です。私は、別に授業を受け持っているわけでもないし、経理をやっているわけでもない。だから、首を切るなら私です。私は無給で働きます。三年間、私が全部保証するから、みんな、安心して働きなさい」

当時、多くの日本語学校は、真っ先に非常勤講師を首にして、学校を存続させようとしていた。うちの学校の非常勤講師たちも、いつ辞めさせられるか戦々恐々としていたことだろう。しかし、理事長の私が「誰も首にしない。三年間保証する」と宣言したことで、非常勤講師たちは、みんな安心して仕事に専念できるようになった。

今、それにすごく助けられている。おかげさまで、うちの学校は教師が足りなくて困るほど申込者が多く、人気が高い。それはすべて、優秀な講師たちのおかげだ。あのとき、非常勤講師たちの首を切っていたら、優秀な講師を失うことになり、生徒はさらに集まらなくなっていただろう。

実際、震災から三年で学校は本当に持ち直すことができた。「三年間保証する」と言ったとき、実は三年という時間には何の根拠もなかったのだが、私はそう決めてしまった。三年間で、必ず経営を立て直すと。

私は常に、フェアでありたいと思っている。フェアであるということは、自分の都合を考えるのではなく、正しいことを行うことだ。震災後、経営危機に瀕したとき、優先すべきは生活がかかっている人たちを守ることだった。決して私の理事長という名誉を守ることではない。私が私利私欲のために給料をもらい続け、みんなにガマンさせるような卑しいことはできない。

フェアであるためには、私利私欲を捨てなくてはならない。そうしないと正しい判断はできない。私も欲張りだし、お金はほしいし、いろいろあるけれども、自分の利益ばかりを考えるような、みっともない真似はしたくない。

私は何をするうえでも、常にフェアでありたいと思っている。家族に対して、仲間に対して、台湾や日本に対して、そして自分自身の人生に対して、フェアであったと信じている。これまでもこれからも、フェアであり続けることが、私の心に幸せをもたらし、人生における美意識でもあるのだ。独りよがりかもしれないし、好き嫌いも激しい。そして、自分の人生は自分で決める。これが原理原則だ。

「自分は強い人間」と思ってはいけない

私は自分の人生を、自分で切り開いてきた。自分が信じること、やりたいことに素直に従って生きてきた。「どうしてそんなに大変なことばかり背負い込むんですか?」「金さんだからこそ、そんな人生を歩めたんでしょうね」などと言われることもある。きっと、世間の方々は、私が特別強い人間だと思っているのだろう。たしかに、特別能天気な気質は認める。大変なことがあっても割と面白がってしまう性質だし、いつもハッピーだと思いながら生きている。けれども、決して強い人間ではないし、自分で自分を強いと思うような傲慢《ごうまん》な人間にはなりたくないと思っている。

今でも強く印象に残っているのは、二十五歳のときのことだ。すでにお話ししたが、私は来日直後に、通訳兼コンパニオンのアルバイトをした。訪れる外国人を相手に、英語、中国語、台湾語を駆使して、国際見本市で意気揚々と働いていたのだが、いよいよ最後という日に思わぬことが起きた。

「美齢！」と呼ばれて振り返ると、台湾で何度も顔を合わせていた、親友のお母さんが立っているではないか。その瞬間、私は涙がワッとあふれ、人目もはばからずに大泣きをしてしまった。

あのときの感情は、今でも上手く表現することができない。なぜなら、私は充実した大学生活を送っていたし、仕事だって「私に任せて！　何でも知ってます」といわんばかりに、楽しくしていたからだ。それなのに、突然親友のお母さんが現れて、「美齢！」と声をかけられた途端、ハッと、なぜか涙が止まらなくなった。あのシーンは、永遠に忘れることができない。大勢の人が見つめる中、突然、何かが噴き出したように泣き続ける私。自分で自分の感情をつかめず、当惑した思い……。

おそらく、ホームシックだったのだろう。何だか知らないけれど入学許可証をもらったのに試験があって、かろうじて引っかかって、家探しをして、アルバイトをして、忙しい毎日を送っていた。自分では充実した希望通りの日々を送っていると思っていたが、気付かないうちに、ストレスが溜《た》まっていたのだろう。

人間には、やはり自分でもわからないことがある。あのとき、私はなぜ泣いたのか。それを考える度に、感情の不思議さを思い知らされる。

激しく泣いたのはその一度きり。その後、そんなことはなかったのだが、連れ合いを亡くした後は泣いた。

告別式のときは、「今日は泣かないと決めました」と宣言をして、泣くのをこらえた。けれども、しばらくしてから『オルフェオとエウリディーチェ』というオペラを一人で観ていたら、涙が止まらなくなった。『オルフェオとエウリディーチェ』は、主人公が自分の恋人を地獄から連れ戻す話なのだが、約束を守れなかったせいで、連れて帰れなくなってしまう。主人公と恋人が、今度こそ永遠に引き離されてしまう様子を見ていたら、涙がとめどなく頬を伝った。

私は「人を畏れ、神を畏れ」という言葉が好きだ。全然宗教を信じない人間で、むしろ「私は金美齢教です」と言ってしまうくらいなのだが、私たち人間には、絶対にわからない、超えられないものが必ずあると思っている。

だから、人間は決して傲慢になってはいけない。私はけっこう威張り屋で、自信屋さんだが、それでも、人間の限界をわきまえて生きていくべきだと、固く信じている。

他人は、どういう人でも、自分にはないものを持っている。

たとえば私はメカ音痴なので、メールやネットは、すべて事務所のHさんが代わりに行ってくれる。私より掃除好きの人もたくさんいるし、私ができないことをできる人は、世の中にたくさんいる。だから、私は「人を畏れ」なのだ。この気持ちを持ち続けることで、私は自分自身を正すことができるし、周りに対して感謝の思いも生まれる。そして、心安らかでいられる。

私はなぜ諦めずに歩んでこられたのか

「負け組」「勝ち組」という言葉が定着して久しいが、そんなことを他人に決められるゆえんはない。いくら今、世間から「負け組」とジャッジされているとしても、「最終的に自分は勝つ」と信じて突き進めばいい。大切なのは、自分の力と未来を信じて、最後まで諦めないことだ。

私が台湾独立運動に身を投じている間、人々から白い目で見られて敬遠されたこともある。「勝てもしない闘いに人生を懸けるなんてバカだ」と面と向かって言われたこともあった。

夫は、日本で行われた妹の結婚式に、「お婿さんに迷惑がかかる」と言われて招待されなかった。それも母親の意見だったという。あれだけの孝行息子に、なんとも冷たい仕打ち。当時の台湾の政治環境のせいとはいえ、私には想像もできない。彼は日本に留学する前、両親のために必死で家庭教師を十二カ所も掛け持ちし、家を一軒買ってから、日本に出発したというのに。

それほど孤独で長い闘いを強いられてきたけれども、今、私の頭の中にはファンファーレが鳴っている。

最終的に、私は人生で勝利を収めた。どんなに国民党に虐げられようとも、私は台湾の未来を諦めず、五十六年間闘ってきた。そして今、国民党は落ちぶれて、勝ったのは私だ。

なぜ、諦めることなく突き進むことができたのかを考えてみると、一番最初に思い浮かぶのは、「能天気」ということだ。

ブラックリストに載って台湾に帰れなくなり、親の死に目に会えず、遺産も全部放棄しなくてはいけないなどいろいろなことが起こっても、いいじゃん、と。状況を恨むことなく、「それがどうした」と開き直ってしまう。

第二に、私には劣情がない。

最初から持ち合わせていなかったのかはわからないが、やっかみやコンプレックス、やきもちなどの感情が一切ないことに、最近気が付いた。たとえば、嫁姑の軋轢《あつれき》の根本は、息子の愛情を奪い合うことだと思うが、私は息子をお嫁さんと取り合うようなことはしない。むしろ、「何であんなやつを取り合わなくちゃいけないのよ。私の旦那のほうがよっぽど立派よ」と思う。

ある意味、私は非常に傲慢なのだと思う。根拠のない自信があるのだろう。本当に根拠はない。努力もそれほどしていないし、学校の成績がよかったわけでもない。でも、それが全然コンプレックスにはなっていない。やりもしないくせに、「やろうと思えばいつでもできる」と思っている。

私より素晴らしい人がいても、嫉妬することもない。素直にその人のよいところを認めるから、私には好きな人がたくさんいる。好き嫌いがはっきりしているので、嫌いだと思ったら最初から付き合わないのも、下手に嫉妬心が生まれない理由かもしれない。

第三に、私はツッパリだ。

辛いことや大変なことが起きても、私はそれを受け入れて肥やしにする。辛いことがあると避けて通る人もいるが、ときにはしっかり受け止めることも大切だ。避けてばかりで遠回りしていては、いつまでたってもゴールに到達することはできない。

不利な状況にあっても、私は負けを認めないし、最終的に私は勝つと信じて歩んできた。

これが、私の美意識だ。

四枚のマイナスのカードをプラスに変えて

生きることは運命半分、努力半分

私はマイナスのカードを四枚持っていた。


一枚目は、台湾人であること。

二枚目は、女性であること。

三枚目は、結婚し子どもがいること。

四枚目は、高齢者であること。

しかし、私はこれらすべてのマイナスのカードをプラスに変えた。

来日当時、第三国人といわれた旧植民地の人間は非常に地位が低かったので、日本で暮らして行くことにおいては明らかなハンデを負っていた。しかし、私が台湾出身だということは、視点を変えると、アウトサイダーとしての目を持っているということだ。しかも、長い間日本に暮らしている私は、インサイダーとしての目も持っている。つまり、私は複眼的に物を見ることができるということだ。これは、生きていくうえで大きな強みになる。

日本しか知らない、狭い世界しか知らない人に比べると、比較できるからこそわかることがある。もちろん、情報が自由に手に入る今日は、誰でも比較することが可能だ。けれども、日本人はあまりそれをしない。

たとえば、子どもが「ピーマンなんて食べたくない」と駄々をこねたとする。そんなとき、多くのお母さん方は、ピーマンを細かく刻んで他の食材に混ぜたり、味付けを工夫したり、見た目をかわいらしく演出したり、あらゆる工夫をして子どもにピーマンを食べさせようと努力するだろう。これは、日本のお母さん方が、とてもやさしいということをよく表している。

けれども、広い世界を知っている人ならば、「シリア難民を見てごらんなさい」と言っ

て映像を見せるだろう。今、世界では約七〇億人のうち、八億四〇〇〇万人以上の人が満

足に食事をできずにいる。手間暇かけて子どもを愛情で包み込むのではなく、ときには、

世界の本当の姿を見せることが大切だと思う。視野の広い子どもは、きっとたくましく育

つだろう。

女性であることも、以前は大きなマイナスだった。

現在も、女性であるがために正当な評価をされず悔しい思いをしている人がいると思う。

けれども、世の中をよく見てほしい。男はだらしがないではないか。「私は女、強いん

だから」と、胸を張っていればいい。

私は女であることを、プラスに変えることができた。シンポジウムを開催するにも、四

人いたらそのうち一人は女を入れておく必要がある。そうすると、じゃあ仕方がないから

金さんでも呼ぼうということになる。自分がちゃんと仕事をしていれば、女であることが

プラスになることはいくらでもある。なぜならライバルが少ないから。

次に、子どもがいるということ。これもまたプラスに変換できる。

所帯を持つというのは大変なことだ。毎日、晩ご飯のメニューを考えて料理をしないと

いけないし、醤油が切れていたら買いに走らなくてはいけない。幼児を連れてお散歩をす

るときには、「あ！」と言ってしょっちゅう立ち止まる子どもをなだめながら、非効率に歩みを進めなくてはならない。結婚をして、子どもを産み育てるというのは、こういう細々とした煩わしさを味わうということだ。

しかし、世の中の半分は女性であり、そのうちの多くは、結婚をして子どもを産んでいる。つまり、大多数の人が経験することを私自身も経験できたということによって、私の発言には説得力が生まれる。

最後に、高齢者であるということ。

八十二歳の私は、大いに威張っている。これは、私がまだ七十歳前後の頃、生放送の討論番組に出演したときのことだ。

地方の大学教授か何かが、こんなことを言い出した。

「幼児期に思い残しをさせると、大人になったときに問題行動を起こすようになります。だから、子どものうちに、なんでも経験させることが大切です。〝思い残し症候群〟を増やしてはいけません！」

私は、「思い残し症候群？　変な言葉を流行《はや》らせようとして。あんたのは、思いつき症候群じゃない」と心の中で思いながら、

「なんでも子どもの言うことを叶えなくちゃいけないとなったら、子育ては大変なことになりますよ。思い残しがあるからこそ、原動力になることもあるんじゃないですか」と反論した。

するとコマーシャルに入ったときに、ずいぶん自信がありますねと言われた。彼は教育の専門家なのに、素人の私に反論されたことが気に食わなかったのだろう。そして私はこう言った。

「ええ、ずいぶん長く生きていますから」

高齢というマイナスのカードを私はひっくり返してプラスにした。曲がりなりにも、私は長いこと人生を歩んでいる。年寄りだということは、それだけ多くの経験を積んでいるということだ。

「It's written on the wall.」という言葉がある。「もうすでに壁に書かれている」。つまり、運命は生まれたときに定まっているという意味だ。

たしかに、人間は生まれる国や親を選べない。私だって、好き好んで台湾に生まれたわけではない。理想を言えば、中世のお姫様に生まれたかった。まぁ、これは冗談だけれども、DNAは生まれた瞬間に決まっているのだ。これはもうどうしようもない。しかし、

DNAが人生を占める割合は、半分くらいだと思う。もう半分は、自分がどう生きていくかによって決まるのだ。

だから、せめて残った半分は、真っ当に生きていたいと思っている。衣食住すべてに関心を持ち、カンファタブルに生きたい。ハッピーに生きたい。もちろんそのためには努力がいる。その当たり前のことを見過ごして、生きている人が多いのではないだろうか。

どうしたら「正しいボタン」を押せるのか

成長とは、頭脳というハードに、どれだけのソフトを組み込めるかということだと思う。人はいろいろな経験や知識を、情報として脳にインプットする。情報が多いほど、ソフトは精密になる。そして、そのソフトが緻密であるほど、いざというとき、パッと正確な答えをアウトプットできるのだ。私は理系ではないから大雑把な考えだが、あまり間違ってはいないだろう。

人生で選択を迫られたとき、正しいボタンを押さなくてはよい結果は生まれない。私はよく、「push the right button.」という言い方をするのだが、正しいボタンを押すために必要なのが、緻密なプログラムなのだ。

たとえば、私はスパイ映画並みの秘密指令を受けて台湾へ行ったとき、軍艦に乗ることで身を守った。それまで培った経験や人脈をフル動員した結果、「そうだ、あの人に連絡をして軍艦で帰ろう」と閃き、そのボタンを押したのだ。

自分がどういう風に生きてきて、何を学び、どういう人に会って、どういう現場に足を運んだかということが、自分の人生を左右する重要なプログラムになる。幸せになるためには、積極的にいろいろな経験をしないといけない。

しかし、だからといって、何でもかんでも手を出せばいいわけでもない。

たとえば、私は運転しないと決めている。

ふつうに生活しているうえで、私が誰かを傷つけたり、ましてや殺《あや》めてしまったりすることはありえない。けれども、車を運転していたらどうなるかはわからない。

私はスポーツができないほうではないし、反射神経も悪くはない。けれども、万が一ということがある。だったら、わざわざ運転するリスクを冒す必要はない。だから、私が住むのは都心だけ。とにかく街のど真ん中に住んで、車を運転しなくても暮らしていけるようにしている。高齢になると地方の静かな土地へ移住する人もいるが、私の場合はありえない。メカ音痴であることを十分に自覚しているから。

人生は、失敗して初めてわかることがある。けれども、その中には取り返しのつかないこともあるだろう。「prepare for the worst.」。最悪に備えること。最高の危機管理は最悪の事態に備えて、未然に防ぐことだ。

大袈裟と言われればそれまでだが、私はずっとこういう考えで生きてきた。要するに、自分が不得手なことはやらない。これが最高の危機管理であり、日々の幸せを守る絶対条件なのだ。

頂上は見上げず、一歩足を踏み出すだけ

私は十年ほど前に、言ったことがある。「個人の生活は一〇〇点満点です。けれども台湾の問題が解決しないかぎり、本当の意味で一〇〇点満点ではない。もし、台湾の情勢が私たちの望むような状態になれば、私の人生は一〇〇点満点になるでしょう」

結婚をして子どもが生まれ、子どもたちも無事に独立した。だから個人の生活としては十分幸せで、一〇〇点満点だと思っていた。後は、台湾だけ。台湾さえ明るい道をたどってくれれば、真の幸せを味わえる。ずっとそう思っていた。そして今年、私はついに一〇〇点満点の幸せを享受した。

八十二年の人生を振り返ると、長いようであっという間に感じる。人生において、大きな幸せを感じたベスト3と言えば、一つ目は、ブラックリストが解除されて台湾の地を踏んだとき。二つ目は安倍晋三氏が総裁選に勝ったとき。私は彼が勝つと信じて一生懸命背中を押していたので、安倍政権が再誕生したときは本当にうれしかった。そして三つ目は、今回の台湾の選挙での大勝利だ。

自分の力ではどうにもならない、天下国家の夢が叶うというのはやはり大きい。

世の中には、国というのは個人と対立するものだと考えている人がいるが、私はそうは思わない。独裁国家に生きている人間はそうかもしれない。かつての国民党政権の台湾と私たちはたしかに敵対していた。

けれども、民主主義の下で生きている人間にとって、国というのは自分だ。自分が国であり、国が自分なのだ。一人ひとりがそれを自覚し、自分が国に対して貢献できることをしっかり考えないと、決して幸せにはなれない。政治は、自分の人生と密接に関わり合っているものだ。政治に関心がないなんて言う人は、自分の人生と真剣に向き合っていないし、幸せになる道を閉ざしている。

自分が何か行動しても、世の中も政治も変わらないと思っているかもしれない。けれども、人生は一歩前進の積み重ねだ。

突然、空は飛べない。突然、頂上には立てない。何事も、すべては一歩足を前に出すことから始まる。一歩前へ進むのと、一歩後ろへ下がるのとでは、五年、十年経ったときに雲泥の差が生じる。だから、何かをするときに最初から頂上を見上げる必要はない。まずは一歩足を踏み出せばそれでいいのだ。

自分の能力が八〇だとしたら、次は八五のところを目指す。そうして少しずつ前進を続けることで、いつか一〇〇に到達できる。いきなり二〇〇は無理。そんなのは叶いっこないのだから、失望感が生まれるだけだ。だからまずは一歩前へ踏み出すこと。そうしたらその分だけ幸せになれる。それが幸せを手に入れるための、最も健全で、真っ当で、成功率が高い方法である。

そうやって、今日よりは明日、明日よりは明後日と、何歳になっても一歩ずつ前に進んでいきたいと思っている。

やりたいこと、できること、やるべきことをやる

私は、自分がこれまで歩いてきた人生に一〇〇%満足している。私がしてきたこと、す

べてを肯定している。これっぽっちも訂正する必要はないし、後悔もない。

私がもし、『台湾青年』を受け取ったとき、台湾の現状を知りながら何もせずにいたら、きっと恥ずかしくて生きていられなかっただろう。少なくとも胸を張って生きていけない。少しでも自分が台湾のために力を出したから、今日の勝利をこれほどうれしく思うことができるし、幸せだと思える。何もしなかったにもかかわらず、台湾が勝った瞬間、バンザイしているような人間には、「なに、お前」と言ってやりたい。

何もしないで、棚からぼた餅で宝くじに当たる人もいるかもしれない。何もしないでも、幸せを感じられる人もいるだろう。それはその人の人生だから、とやかく言うつもりはない。けれど、本当の幸せというものは、少しずつ努力することによって初めて得られるものだと思う。その努力の方法と目標が正しくて、最終的に達成できるということこそが、充実した人生なのだ。

私が幸せだと思える理由は、私はやるべきことをやってきたからだと思う。しかも、それはやりたいことだった。やるべきことと、したいこと、そしてできることが一致したというのは、本当にありがたいことだった。

こうして、真っ当に前を向いて生きてきた結果、四枚のマイナスのカードがプラスに転じ、台湾が未来を手にし、私は心から幸せを味わうことができている。それはやはり、きちんと方角を見定めて、しこしこ、しこしこ、五十六年もかかって、自分の信じた道を一歩一歩進んできたからだと思う。

私は、真っ当に生きるという言葉が好きだ。

後ろめたいことをするのは気分が悪い。たとえ誰も見ていなくて、気付かれないとしても、自分で気分が悪くなる。もしも後ろめたいことをしてしまったら、人に対して強いことは言えなくなる。毒舌の金さんが、言うこととやることが異なると批判されたら、弁解の余地がない。

自分がやるべきことをやることが、自分を幸せにする。自分ができること、やりたいこと、しなくてはいけないことが一致して、それを実践しているということが、私の幸せにつながっている。だから私は欲求不満もなければ、劣情もないし、ああ、しんどいと思うこともない。

できること、やりたいこと、しなくてはいけないこと。

それをぶれずに、持続してやり続けたことが私の幸せの基盤だ。八十二年間、真っ当に、幸せに生きてきたけれども、私はまだ当分は生きるつもりでいる。

最近、ある人から、「No one can stop you.」と言われた。誰も私を止めることはできない。自分でもそう思う。私自身も私を止めることはできない。これからも、フェアに、真っ当な人生を突き進んでいくだろう。それが私の幸せなのだから。

おわりに

私はこの本の執筆を通して、あらためて自分の人生が、いかに幸せに満ちているかを感じている。

おいしいものを食べられること。
家族と笑い合えること。
仲間と語り合うこと。
一人で気ままに暮らせること。
働いて、世の中の役に立てること。

私は、こうしたさまざまな幸せに支えられて、ここまで生きてきた。本当に自由気ままで、ワガママに生きてきたけれど、今、私は一〇〇%幸せだと胸を張ることができる。そして明日は今日よりもっと幸せになることもわかっている。信じている。

今の私の目標は、肩書きがなくても通用する人間になることだ。麻生太郎氏から名刺をいただいたとき、「かっこいいな〜！」と思った。表にはたった四文字、「麻生太郎」と書かれているだけで何の肩書きも記されていない。私も「金 美齢」、それだけでいい。今はまだ、「JET日本語学校名誉理事長」「元台湾総統府国策顧問」など大層な肩書きがついて回るが、「金 美齢」個人として、認められるようになりたい。

ここまで書いてきたことを読み返し、「幸せ」の語が山ほど出てくることに、今さらだが、面映《おもは》ゆい思いもしている。でも、これだけ大威張りで「今は一〇〇％幸せ」「明日は今日よりもっと幸せになる」と宣言する八十二歳のばあさんがいてもいいだろう。内向きになりがちな日本人に、少々「気合い」をいれることができれば、これまた「幸せ」であり喜びなのだ。

二〇一六年十月

金 美齢

金美齢（きんびれい）

1934年、台湾生まれ。1959年に留学生として来日、早稲田大学第一文学部英文学科に入学。同大学院文学研究科博士課程単位修了。その後、イギリス・ケンブリッジ大学客員研究員、早稲田大学文学部非常勤講師などを経て、JET日本語学校校長を務める。現在、同校名誉理事長。評論家。台湾独立を願い、日台の親善にも努め、政治、教育、社会問題等でも積極的に発言。テレビ討論番組の論客としても知られる。『家族という名のクスリ』（PHP研究所）、『私は、なぜ日本国民となったのか』（ワック）など著書多数。

82歳。明日は今日より幸せ

2016年11月25日　第1刷発行

著　者　金 美齢
発行者　見城 徹

発行所　株式会社 幻冬舎
〒151-0051 東京都渋谷区千駄ヶ谷4-9-7
電話　03(5411)6211(編集)
03(5411)6222(営業)
振替　00120-8-767643

印刷・製本所　中央精版印刷株式会社

検印廃止

Printed in Japan
ISBN978-4-344-03033-6　C0095
幻冬舎ホームページアドレス　http://www.gentosha.co.jp/

この本に関するご意見・ご感想をメールでお寄せいただく場合は、
comment@gentosha.co.jpまで。